À ARTHUR,
PETITE ÉTOILE FILANTE.

MARTIN FOURCADE

UN DERNIER TOUR DE PISTE

Écrit avec Jean Issartel – Illustrations Oksana Pinchuk

MARABOUT

SOMMAIRE

12
somfy

AVANT-PROPOS

Villard-de-Lans, jeudi 21 mai 2020

Les copains ont repris l'entraînement il y a une dizaine de jours… Je me demandais ce que je ressentirais en les voyant, j'imaginais que cela me procurerait une sensation étrange. Pas du tout ! Je suis en paix avec la décision que j'ai prise d'arrêter ma carrière de sportif professionnel. Je n'ai ni remords ni regret. Au fond, cette épreuve du confinement que nous avons traversée a conforté mon choix. Sans renier tout ce que j'ai accompli auparavant – bien au contraire ! –, j'ai tourné cette page si importante dans ma vie en profitant pleinement de celles que j'aime et qui m'ont tant manqué quand je courais encore. J'ai enfin disposé du temps et de la liberté d'esprit nécessaires pour vivre au quotidien avec Hélène, Manon et Inès, sans arrière-pensée, sans obligation. J'ai offert un nouveau vélo à Manon et je me plais à l'accompagner en courant. Nous multiplions les grandes balades en montagne, tous les quatre. Je porte Inès sur mon dos sans culpabiliser comme je le faisais à l'époque où chacun de mes efforts répondait à un plan d'entraînement. Je peux désormais assouvir sans contrainte, en famille, avec mes proches, ma passion pour le sport. C'est par là que passe mon lien social. Certains vont au cinéma ou en discothèque pour retrouver leurs amis ; moi, je fais du sport avec eux… Ski roues avec Émilien Jacquelin, VTT avec Loïs Habert, ski de randonnée en compagnie d'Antonin Guigonnat, Julien Lizeroux et Michel Lanne dans le massif de la Lauzière… Bientôt, nous gravirons le mont Blanc.

Je me sens bien, je me fais plaisir, je vais de l'avant. Je reste très actif mais sans aucune des lourdeurs inhérentes à mon ancien métier, tel que je le concevais. Je suis apaisé. Pas une seule seconde j'ai douté d'avoir fait le bon choix, mais pas une seule seconde non plus je me suis dit : « J'aurais dû arrêter pour profiter de tout cela avant. » J'ai terminé au bon moment.

Si je pouvais recommencer, revenir dix années en arrière, je reprendrais le même chemin. J'ai aimé chaque instant jusqu'à parvenir à un moment de ma vie où j'avais envie et besoin d'autre chose.

Avant-hier, maman m'a montré une photo sur laquelle mes filles m'applaudissent, l'année dernière aux championnats de France de ski roues. Quand je me suis vu en arrière-plan, j'ai dit, de façon totalement spontanée : « Et là, c'est moi dans une vie passée. » C'est exactement ce que j'ai ressenti. J'ai entièrement basculé, sans avoir à y penser, encore moins à me forcer. J'ai pris la bonne décision, c'est une évidence. Je sais pertinemment que j'aurais pu continuer jusqu'aux Jeux olympiques de Pékin et même y remporter un titre supplémentaire. Mais je suis persuadé que cela m'aurait beaucoup moins apporté que la liberté dont je jouis aujourd'hui. J'en avais profondément besoin à ce stade de ma vie.

La vie à laquelle j'aspire désormais, je n'en voulais pas à l'époque des Jeux de Vancouver. Être père de famille, je n'en avais aucune envie. Exister sans objectif sportif, sans quête de victoires, me paraissait inenvisageable. Aujourd'hui, vivre uniquement pour cela ne me semble plus possible. Dans chaque contexte, je me suis accompli, j'ai été et je suis heureux. Je me sentais à ma place à l'époque et c'est toujours le cas aujourd'hui.

Je suis quelqu'un de très rationnel. Tous les choix que j'ai posés, au long de ma carrière, ont été réfléchis, pesés. J'ai toujours évalué les avantages et les inconvénients. Étrangement, cette décision d'arrêter, je ne l'ai pas calculée. Je l'ai réfléchie mais, surtout, je l'ai écoutée. C'est la première fois que je fais un choix en me basant sur mon intuition plus que sur ma raison. Celle-ci m'encourageait à continuer deux saisons supplémentaires jusqu'aux Jeux de Pékin.

J'ai préféré suivre mon instinct qui me disait ce dont j'avais vraiment besoin. C'est sans doute pour cela qu'aujourd'hui, je me sens pleinement en accord avec ma décision. Je suis arrivé au bout de ce que j'avais à donner à cette vie d'athlète. J'aurais probablement souffert si j'avais décidé de continuer.

J'ai réussi ma sortie, réalisé une magnifique ultime saison, mais j'ai conscience aussi qu'elle a été très éprouvante. Qu'elle m'a usé.

Dans ma carrière, je n'ai jamais remporté de victoire facile. Si certaines furent plus aisées que d'autres, les dernières ont toutes été difficiles. Arrachées sur le fil. Cette saison, je n'ai jamais disposé de la moindre marge. Ces derniers tours de piste furent intenses, à tous les niveaux. Je me suis poussé au-delà de mes limites, au niveau de la concentration, de l'exigence. Mon pourcentage de réussite au tir, le meilleur que j'aie jamais atteint durant toute ma carrière, en témoigne. Seules une concentration de chaque instant, une exigence permanente m'ont permis d'atteindre ce niveau pour compenser la marge dont je ne disposais plus en ski. Et gagner à nouveau. Je l'ai fait, j'en suis fier, profondément, mais l'effort fut tout sauf anodin. J'ai dû demeurer attentif à chaque détail, en permanence. J'ai dû accepter de ne plus disposer de la même facilité sur mes skis et de me battre quand même, avec mes armes du moment. J'ai douté, j'ai lutté. Tout s'est joué au millimètre. Jusqu'à ces deux petits points qui me séparent de Johannes (Boe) à l'arrivée…

Jusqu'au mois de janvier, je ne me sentais pas légitime pour viser le gros globe de cristal dévolu au vainqueur de la Coupe du monde. C'est sans doute à cause de cela que je l'ai perdu, pour quelques points que je ne suis pas allé chercher à l'arrivée de ces courses où le podium était hors de ma portée, mais où j'aurais pu maximiser mes modestes gains. Durant tout le début de la saison, par instinct de protection, j'ai refusé de me projeter. Je m'étais armé d'une épaisse carapace, histoire de n'être pas trop déçu au cas où je ne parviendrais pas à me battre avec les meilleurs, à renouer avec les victoires. Il est plus aisé d'accepter d'être dixième quand on s'est imaginé cinquième ou sixième que quand on a envisagé de retrouver la première place... Ce manque de confiance, séquelle de ma saison 2019, m'a empêché de rêver à 2020. Quand je me le suis enfin autorisé, il était probablement trop tard pour accomplir ce dernier rêve. Qu'importe ! C'est presque mieux ainsi.

Je mène la vie dont j'ai envie en étant fier et heureux de mon passé. Je nourris, désormais, d'autres ambitions, de nouveaux objectifs professionnels qui me laissent la liberté de vivre autre chose, individuellement comme en famille. Le confinement a renforcé l'idée que je n'ai pas envie de n'avoir, à l'avenir, qu'une seule activité, un unique métier. J'ai été sollicité par la Fédération internationale de biathlon pour intégrer le bureau exécutif mais j'ai préféré décliner cette proposition. J'ai besoin de marquer une rupture avec ma vie de biathlète. J'y reviendrai sans doute un jour. Aujourd'hui, je ne me sentirais pas à ma place. Les souvenirs sont trop frais pour que mon expérience puisse servir pleinement.

J'ai bien conscience que c'est un luxe dont je dispose. Beaucoup d'athlètes se demandent ce qu'ils feront à la fin de leur première carrière, j'ai la chance d'avoir le problème inverse et de devoir opérer des choix... Bien sûr, Paris 2024 et, je l'espère, le CIO vont constituer deux pôles importants de mes activités futures. Nous sommes en pleine réflexion avec les équipes du comité d'organisation pour déterminer comment je peux m'impliquer davantage et je me suis porté candidat à la commission des athlètes du CIO. Le vote aura lieu en marge des JO de Pékin en 2022. Je souhaite aussi garder le contact avec le public, avec toutes les personnes qui m'ont suivi jusqu'ici. Le Nordic Festival m'en aurait donné l'opportunité mais la situation sanitaire m'a contraint d'annuler l'édition 2020. J'ai d'autres idées, d'autres projets pour préserver le lien, pour trouver le moyen de partager expériences et émotions, à commencer par ce livre...

Je l'ai conçu comme un journal de bord, un témoignage au jour le jour pour raconter cette saison charnière, après le calvaire de l'exercice précédent. Je ne savais pas ce que j'allais vivre et donc raconter, une renaissance ou un enterrement. Pourtant, je ne redoutais pas ce qui allait advenir. J'avançais dans le flou même si j'avais retrouvé quelques repères à l'entraînement durant l'été et un peu d'assurance lors des courses de présaison. Je suis quelqu'un qui doute beaucoup mais qui ne ressent pas vraiment de peur. Ce doute me pousse à tout mettre en œuvre pour n'avoir rien à regretter ; c'est cet aspect de ma personnalité qui annihile la crainte de ce qui doit arriver. Quand on a fait ce que l'on devait, on peut plus facilement s'en remettre au destin…

À l'heure d'affronter la première épreuve de la Coupe du monde 2019-2020, je ne disposais que d'une seule certitude : j'avais travaillé au mieux de mes possibilités. Je ne voulais pas voir plus loin que la première course. Je m'interdisais de réfléchir à la suite et encore moins d'ouvrir la réflexion sur une possible retraite. J'avais seulement envie de replonger pour savoir où j'en étais. De partager mes sentiments et mon état d'esprit au fil des événements, avec la promesse de ne pas retoucher le texte avant de le publier, quelle que soit l'issue de la saison. Ce texte, ce cheminement, cette mise à nu, vous l'avez maintenant sous les yeux. J'espère que mes filles aussi le parcourront quand elles seront plus grandes, pour connaître un peu mieux ce que fut la vie de leur papa. Je suis persuadé que moi-même, un jour ou l'autre, je relirai ce livre. Dans dix, vingt ou trente ans. Pour me souvenir de ce que furent mes ultimes moments dans la peau d'un champion, ces instants magiques que j'ai eu la chance de vivre, jusqu'au bout de mon dernier tour de piste. Qui vint clore la saison la plus folle de ma carrière.

ÖSTERSUND (SUÈDE)

ÖSTERSUND (SUÈDE)

jeudi 28 novembre 2019

Nous avons eu une longue journée de voyage, hier, avec un départ à 6 heures de la maison par un temps abominable, pour rallier l'aéroport de Genève, direction Copenhague, puis Stockholm et enfin Östersund, à 350 kilomètres à peine du cercle polaire. Je suis arrivé vers 20 heures avec le mal de tête habituel. Le temps de manger, de défaire les sacs, je me suis couché un peu avant minuit après avoir terminé la lecture du livre de Marie Dorin, *Tu marches, il marche, vous marchez… moi, je cours.* C'était drôle d'avoir le regard d'une retraitée sur les questions que je me pose, de revivre certains moments que nous avons partagés, avec son regard à elle. Ça m'a fait du bien…

Ce matin, je retrouve des sensations familières. Avec l'habitude, je n'éprouve plus l'excitation de mes 20 ans mais il demeure quand même quelque chose de l'ordre du stress qui monte doucement. Du désir aussi… Je traîne un peu dans l'appartement que nous partageons avec Émilien et Antonin. Nous allons attaquer, samedi, avec le relais mixte puis le sprint, première course individuelle, dès le lendemain. J'ai envie d'y être mais sans impatience. Je profite de ces deux jours au calme, en m'attachant à conserver l'état d'esprit que je me suis fixé depuis le début de l'été : ne pas regarder plus loin que le lendemain.

Demain, donc, je participerai à l'entraînement officiel avec en tête l'objectif du relais mixte qui me verra associé à Quentin (Fillon Maillet) et aux deux meilleures filles du moment, peut-être Célia Aymonier et Anaïs Bescond. Je ne pense pas que nous soyons en mesure de viser la victoire – les filles n'ont pas encore atteint leur pic de forme contrairement aux concurrentes norvégiennes, italiennes, russes ou allemandes. Nous ferons au mieux, en attendant dimanche et l'ouverture de la saison, seuls en piste. Ce premier sprint va me permettre de savoir où j'en suis réellement. Je n'angoisse pas, je suis pourtant conscient qu'il s'agit d'un moment crucial de ma carrière, susceptible de me relancer… ou de me replonger dans des sensations que je ne veux plus vivre. J'essaie de ne pas penser à cette éventualité. Je me concentre sur ce que j'ai à faire pour atteindre l'objectif. Il faudra être bon d'entrée, c'est le jeu.

Le week-end dernier en Norvège m'a fait du bien. Lors de la première course, j'ai retenu deux ou trois bonnes choses. Et une ou deux moins bonnes… J'étais impactant sur le début de la course, j'allais vite. En revanche, je n'ai pas tenu la distance. J'ai explosé sur le dernier tour de façon encore peu compréhensible. Cela a ravivé le doute qui persiste en moi. Le lendemain, au contraire, m'a procuré de grandes satisfactions et, en quelque sorte, rassuré. J'ai retrouvé de très bonnes sensations, celles qui ont rythmé ma vie professionnelle pendant dix ans. Sensations de maîtrise de mon sport, de ne pas être en danger, d'être conquérant sur la piste, de mener la course comme je l'entends avec la possibilité d'accélérer quand je le désire. C'est tout bête mais j'ai apprécié d'avoir pu revenir sur le groupe de tête avant le deuxième passage au tir, après avoir commis une erreur lors du premier. L'année dernière, je n'en étais pas capable, pas plus que de sauter d'un groupe à l'autre presque à la demande. C'était chouette de sentir à nouveau cette indispensable capacité. Je me suis fait plaisir, et j'avais besoin d'en prendre à nouveau en course. Cela dit, l'année dernière, trois jours avant le début de la saison, j'étais aussi en mesure de le faire, alors *wait and see*…

Je suis prudent, j'attends les premiers résultats sans me projeter. Je fais très attention à la récupération, à tous les petits gestes du quotidien d'un sportif de haut niveau. Je n'ai pas envie de me dire : « Ça y est, je suis de retour » et de replonger le lendemain. Je me force à raisonner en sens inverse, à me répéter que cela va être très difficile et, si d'aventure les résultats sont positifs, à en profiter pleinement. J'ai encore besoin d'emmagasiner de la confiance et ce sont les sensations en course, autant que les résultats, qui vont me le permettre ou pas… Je n'ai aucune autre garantie que celle d'avoir travaillé correctement. Je suis revenu aux bases de planification d'entraînement qui m'ont réussi pendant dix ans. J'ai choisi de restreindre le volume d'entraînement automnal par rapport à la saison dernière, après avoir beaucoup travaillé cet été. Je ne parle pas de changements radicaux mais plutôt de réglages fins qui, au plus haut niveau, peuvent coûter cher ou rapporter gros. Les confrontations avec le reste du groupe France m'ont plutôt donné raison sur la fin de la préparation. J'ai essayé de capitaliser là-dessus, de bâtir ma confiance sur ces bases-là mais j'attends de retrouver les sensations en course pour avoir, je l'espère, quelques certitudes sur lesquelles construire ma saison. Pour la suite de l'hiver, je garde plusieurs options en tête sans trop avoir pris de décision ferme. J'aviserai en fonction des événements, des résultats et de la concurrence : lutter pour le général ou pas, privilégier les championnats du monde ou bien… courir tous les lièvres à la fois, comme j'en ai pris l'habitude pendant dix ans. Comme je rêve de pouvoir recommencer encore une fois. Une dernière fois ?

ÖSTERSUND (SUÈDE)

lundi 2 décembre 2019

CLASSEMENT DU 10 KM SPRINT (dimanche 1er décembre)

1 : Johannes Boe 24'18"3 (1+0)

2 : Tarjei Boe +19"0 (0+1)

3 : Matvey Eliseev +19"9 (0+0)

4 : Alexander Loginov +27"1 (0+1)

5 : Martin Fourcade +29"9 (1+1)

...

11 : Émilien Jacquelin +40"6 (1+1)

12 : Quentin Fillon Maillet +45"7 (0+2)

14 : Simon Desthieux +57"7 (0+2)

20 : Fabien Claude +1'20"7 (2+1)

21 : Antonin Guigonnat +1'27"3 (0+2)

Je suis vraiment marqué par ce que j'ai enduré la saison passée. Je l'ai laissé entendre sans trop m'étaler, par pudeur. Je peux l'avouer aujourd'hui, j'ai souffert mentalement comme jamais. La sensation qui résume le mieux le cauchemar que j'ai vécu, c'est de m'être retrouvé nu et sans arme au milieu d'un champ de bataille. Je me sentais faible, impuissant, sans solution. Sans espoir, surtout. Et je redoutais vraiment de repartir sur les mêmes bases cette année. Avant de démarrer cette nouvelle saison qui sera peut-être ma dernière, avant d'aller me battre sur la piste pour ce sprint d'ouverture, je partais de loin

en termes de confiance et de capacité à me projeter. Ce passif explique pourquoi je retiens exclusivement les aspects positifs de ma course, malgré cette dernière balle manquée qui me renvoie à la 5e place alors que je jouais la gagne. Ce que j'ai ressenti sur les skis pendant cette course est bien plus important que la frustration qui m'a envahi quand je me suis élancé pour mon deuxième tour de pénalité au lieu d'aller me battre pour le podium, voire la victoire.

Évidemment, à chaud, j'enrageais d'avoir raté cette cible, mais dès que j'ai franchi la ligne d'arrivée, en ayant réussi à me « rentrer dedans », à aller au bout de mes capacités dans ces conditions-là, j'ai senti comme un sourire monter à l'intérieur de moi. J'étais rassuré. Cela va même au-delà, j'étais heureux, à ma place, loin de cette lassitude mentale que je redoutais tant. Je dispose encore de la possibilité de me faire mal, de dépasser mes limites et d'aller me battre avec les meilleurs. J'ai retrouvé cette certitude tellement importante pour un athlète, tellement vitale pour moi à ce stade de ma carrière. J'ai encore en moi la capacité de redevenir un champion. Cela paraît incongru au regard de mon palmarès mais c'est exactement ce dont j'avais besoin après avoir vécu une saison blanche, démoralisante, et quelques courses d'automne durant lesquelles le doute s'était accentué à propos de ma motivation, de mon aptitude à me transcender, à ne jamais lâcher. En franchissant cette ligne d'arrivée de la première Coupe du monde de la saison, je me suis souvenu que la souffrance de l'effort se transforme chez moi en plaisir dès que je suis capable physiquement de me battre et d'aller chercher la performance. J'ai retrouvé sur cette course tout ce qui m'a manqué l'hiver dernier. J'étais perdu, je me suis retrouvé… À défaut d'être exactement le même athlète, je suis redevenu le biathlète que j'étais en 2018, celui qui a, tout simplement, la possibilité de se faire plaisir en course, quels que soient les adversaires, les conditions ou le contexte. C'est une grande joie de sentir cela. Et cette joie, je l'éprouve encore des heures après l'arrivée. Je sais qu'elle va durer.

J'AI ENCORE EN MOI LA CAPACITÉ DE REDEVENIR UN CHAMPION

ÖSTERSUND (SUÈDE)

mercredi 4 décembre 2019

CLASSEMENT DU 20 KM INDIVIDUEL (mercredi 4 décembre)

1 : Martin Fourcade 53'11"9 (0+0+0+1)

2 : Simon Desthieux +12"7 (0+1+0+0)

3 : Quentin Fillon Maillet +1'50"8 (2+0+0+1)

4 : Émilien Jacquelin +2'17"8 (0+1+0+1)

5 : Benjamin Weger +2'28"2 (1+0+0+0)

...

7 : Fabien Claude +2'32"4 (2+0+0+0)

78 : Antonin Guigonnat +9'22"2 (2+3+0+2)

Je ne suis pas certain de parvenir à définir avec des mots ce que je ressens. C'est fort et doux. C'est profond. Apaisant et exaltant. J'ai gagné. J'ai retrouvé le maillot jaune de leader de la Coupe du monde. L'équipe de France a réussi l'exploit de placer quatre athlètes aux quatre premières places. C'est fou et c'est beau de vivre cela, de pouvoir le partager avec mes coéquipiers. Non, je ne sais pas si je vais réussir à transmettre sur papier tous les sentiments qui se mêlent paisiblement en moi. Peut-être y parviendrais-je en racontant ce qui m'est passé par la tête quand tout s'est joué, comme souvent sur le dernier tir…

Je m'en suis voulu d'avoir ouvert la porte à la concurrence en ratant cette cible lors du second tir debout, le dernier de la course. Jusque-là, j'avais parfaitement lâché mes balles, en rythme. Je n'avais aucune raison de louper, pas de faille mentale comme celle qui a provoqué mes deux erreurs dimanche dernier lors du sprint. Au contraire, j'avais l'impression de tout maîtriser, comme quoi, la maîtrise est une notion toujours très fragile… Avec ce 19/20, alors que je savais pouvoir obtenir le maximum, une immense frustration m'a envahi. Avec un carton plein, associé aux sensations que j'avais sur les skis, j'aurais été bien plus serein. Je me suis mis tout seul en difficulté. J'étais parfaitement conscient que je jouais un podium et probablement la victoire, pour peu que je ne commette pas d'erreur… À 19/20, avec Simon (Desthieux) qui avait réalisé une super performance et occupait la tête du classement, il y avait un risque d'échec. Son talent de finisseur est connu : il démarre souvent doucement pour terminer en trombe.

À la sortie du tir, avec seulement 8 secondes d'avance sur son temps, je savais que ça n'allait pas être une mince affaire de rester devant lui. Généralement, sur le dernier tour de 4 kilomètres, les techniciens nous encouragent en nous donnant les écarts, des pointages manuels qui permettent de savoir très vite où l'on se situe par rapport aux concurrents immédiats. Là, comme il s'agissait d'un duel franco-français, par loyauté envers Simon, ils ne m'ont pas fourni d'information chronométrique officieuse. Jusqu'à l'intermédiaire des 2,8 km, je ne savais donc pas si je lui reprenais du temps. Là, en haut de la bosse, j'ai entendu que j'avais porté mon avance virtuelle à 18 secondes et compris que j'allais prendre la tête, au moins provisoirement puisqu'il restait encore quelques gros clients à passer. Impossible de crier victoire avant de connaître, par exemple, les performances de Tarjei Boe ou Loginov qui venaient de partir. Je n'ai pas eu de mal, dans ces conditions, à juguler mon émotion pour me focaliser sur mon ski, sur cette répétition de gestes simples qu'il me fallait accomplir précisément jusqu'à passer la ligne, le plus rapidement possible.

Dans l'aire d'arrivée, Quentin, qui était parti une minute devant moi, m'a donné l'accolade comme à un vainqueur. Avec notre belle performance collective, il régnait déjà une forme d'euphorie avec les kinés et Lionel, l'attaché de presse, qui commençaient à exulter. Je ne voulais pas m'enthousiasmer avec eux. J'étais certain d'avoir réussi une excellente course et d'être allé chercher un très bon résultat, sans être sûr, encore, qu'un autre n'allait pas faire mieux, à cause de cette balle ratée. Ce genre de déconvenue m'est arrivé il y a deux ans ici, à Östersund, sur le sprint. Je commençais à penser que j'allais l'emporter quand Tarjei Boe, parti dans les derniers dossards, avait fini avec 7 dixièmes d'avance sur moi ! Comme tout le monde, dans ces conditions, je préfère imaginer que ça va mal se passer pour ne pas être déçu au cas où... J'ai donc refusé d'entendre les félicitations et je suis allé me changer, encore un peu tendu. Une bénévole de l'organisation suédoise me tenait au courant des temps de Boe et Loginov. Quand elle m'a annoncé qu'ils avaient raté deux balles chacun, j'ai su que j'avais gagné. Un chouette moment... Et c'est un doux euphémisme !

J'ai ressenti une joie intense. D'abord intime et puis partagée avec toute l'équipe de France, auteur d'une performance d'ensemble incroyable avec ce podium 100 % bleu-blanc-rouge et la quatrième place d'Émilien. Cela m'a procuré une immense fierté. Profonde. Durable. Rien à voir avec l'euphorie que j'ai souvent connue quand je gagnais par le passé. Là, il s'agissait d'autre chose. Quelque chose de beaucoup plus fort. Sans adrénaline comme parfois à l'arrivée des poursuites ou des mass starts, ces courses où la confrontation directe ajoute à l'exaltation. Non, cette fois, je sentais que le moment s'imprimait sereinement en moi, je regardais tout, j'entendais tout, je partageais. C'était bon. J'ai pensé à des choses simples, au fait que les victoires sont des moments rares qu'il faut savoir apprécier à leur juste valeur. Je me suis dit qu'avant le désastre de la saison dernière, je ne m'en rendais plus vraiment compte, que j'avais banalisé la victoire.

Depuis 2012, gagner était ma norme. Là, dans cette aire d'arrivée d'Östersund où j'ai levé les bras tant de fois, en attendant de monter sur la plus haute marche du podium, j'ai réalisé qu'une victoire, cela n'est jamais normal.

20

ICI, J'AI RETROUVÉ
LA MÉMOIRE EN MÊME TEMPS
QUE LE SUCCÈS

Pendant sept ans, je suis monté sur la plus haute marche des podiums environ une fois toutes les deux courses. Cela m'a un peu aveuglé. Les victoires me procuraient de la joie, certes, mais rien d'aussi profond qu'aujourd'hui. En tout cas, pas à tous les coups, et de moins en moins souvent. Je me rendais compte que ce que je réalisais était relativement unique sans en mesurer pleinement le sens. J'étais très heureux mais tout cela me paraissait finalement logique compte tenu des efforts et des sacrifices que je consentais. Je savais, bien sûr, que les autres aussi bossaient dur et donnaient de leur personne, cela ne suffisait pas toutefois à contrecarrer l'effet d'une forme de routine qui s'était installée au fil du temps et des succès. Cela ne tient pas à ma personnalité, je crois que n'importe qui réagirait ainsi. Si je savais la difficulté, je n'avais plus conscience de la rareté. La saison dernière me l'a rappelé. C'est rare de gagner une Coupe du monde ! Mais quand on en a gagné 77, on ne se rappelle plus à quel point il est difficile d'en remporter une seule.

Ici, à Östersund, j'ai retrouvé la mémoire en même temps que le succès. Et si j'en suis si fier, c'est que désormais j'en mesure pleinement la valeur. Au fond, avoir si lourdement chuté la saison dernière me permet aujourd'hui d'être bien plus en prise avec ma réalité. Et de la savourer. J'ai envie d'en profiter, de m'emplir de ces sensations comme on respire à pleins poumons. Je connais maintenant la fragilité de tout cela.

J'ai récupéré le maillot jaune et c'est aussi un grand bonheur. L'année dernière, après avoir remporté l'individuel d'ouverture de la Coupe du monde, je savais déjà que je ne le conserverais pas, que Johannes (Boe) allait me l'enlever et que, dans l'état où j'étais, je n'avais aucune chance de le reprendre. J'ai compris que ce dossard distinctif n'était désormais plus le mien. Et j'ai pris conscience qu'il me faudrait attendre un an avant de retrouver ne serait-ce que l'espoir de le porter à nouveau. Que la mission serait, quoi qu'il advienne, extrêmement aléatoire. J'ai réalisé brutalement qu'il ne m'arriverait peut-être plus jamais de revêtir à nouveau la tunique de leader. Alors je pressens l'émotion qui va m'étreindre quand, la semaine prochaine à Hochfilzen, je vais m'élancer avec le jaune sur le dos.

J'espère pouvoir lutter tout l'hiver pour le conserver, sans me focaliser sur cet objectif. Je préfère mesurer tout ce que cela signifie de le revêtir à nouveau, en prenant bien conscience de ma chance. Et ça, c'est nouveau. Ce dossard distinctif, je l'ai porté non-stop pendant cinq ans, en gagnant l'ouverture de la Coupe du monde et en le conservant jusqu'à l'année suivante. Pendant cinq ans, personne d'autre que moi ne l'a enfilé… Il m'a fallu vivre la déroute de la saison dernière pour me rendre compte que ça n'était pas MON dossard. J'ai eu la chance inouïe de le garder aussi longtemps sur les épaules. Je ne sais pas si je le porterai encore en fin de saison, ni même encore une seule fois dans ma vie après la prochaine course. Je sais simplement que je vais me battre pour lui. Et si je le perds dès la semaine prochaine, si plus jamais je ne le revêts, j'aurai eu l'honneur de le reconquérir une dernière fois.

ÖSTERSUND (SUÈDE)

jeudi 5 décembre 2019

Hier, dans l'aire d'arrivée, je suis allé serrer la main de Johannes puis, quelques minutes plus tard, dans le vestiaire, nous avons brièvement discuté. Il a pris un coup derrière la tête à cause de sa contre-performance sur ce 20 kilomètres, amplifié par ma victoire. Pour l'instant, il ne jouit plus de la même domination que la saison dernière et je comprends que cela le perturbe. Sa course du jour a été particulièrement mauvaise, je l'ai doublé dans le dernier tour alors qu'il était parti deux minutes avant moi. En le dépassant, j'ai pensé qu'il avait dû louper cinq ou six balles et levait donc le pied pour terminer en roue libre puisqu'il n'avait plus aucune chance de bien se classer. Sur ce format particulier de l'individuel, quand le tir te met rapidement hors jeu, il ne sert à rien de se faire violence sur les skis. Tu te dis que tu viens de griller un de tes deux jokers de l'hiver et tu ralentis. C'est pour cela que je n'ai pas particulièrement apprécié le fait de le dépasser, je croyais sincèrement qu'il n'était pas à bloc.

De toute façon, il n'y a aucun sentiment de revanche qui m'anime par rapport à lui. Ce n'est pas dans ma nature et il ne m'a rien fait, il a été plus fort que moi pendant une saison, durant laquelle je n'étais moi-même pas au niveau. Quand j'ai vu, à l'arrivée, qu'il avait tiré à 18/20 et n'avait donc pas ralenti volontairement sur le dernier tour, je n'ai pas compris. Je ne sais pas s'il a pâti d'un mauvais choix de skis. Pour ma part, j'ai bénéficié d'une très bonne glisse, sans que cela ne constitue l'élément décisif. Cela n'explique pas en tout cas la contre-performance de Johannes. Son frère a fait une course correcte et je n'imagine

ICE
DNR
MENY

odlo
somfy
ESF
La Région
COMTE

pas qu'ils aient privilégié deux options de fartage différentes. Pour lui, en négatif, comme pour l'équipe de France en positif, c'est une conjonction de facteurs qui produit le résultat.

Je ne crois pas que le petit creux qu'a connu Johannes dure, ni qu'il déteigne sur l'ensemble de l'équipe de Norvège. Je suis certain, en revanche, que l'embellie en équipe de France devient générale. La victoire, tout à l'heure, de Justine (Braisaz) et la 3e place de Julia (Simon) confirment la propagation d'un état d'esprit optimal. On ressentait tous un peu de tension induite par notre ferme volonté d'arriver dans les meilleures dispositions au Grand-Bornand, « notre » étape, dans quinze jours. Nos résultats ici ont dissipé cette tension. Tout le monde se sent libéré, staff compris. Nous sommes maintenant focalisés sur les relais qui peuvent confirmer notre domination, même si ça n'est jamais automatique, loin de là. J'essaie d'ailleurs de diffuser cette idée pour que nous ne tombions pas dans l'euphorie. On a réussi un coup exceptionnel sur ces individuels, il faut savoir l'apprécier puis passer à autre chose car cela ne garantit rien pour la suite et le relais de demain.

LA LUMIÈRE DOIT ÊTRE ÉQUITABLEMENT PARTAGÉE

Plus globalement, je reste vigilant à propos de notre situation collective. Elle constitue un énorme atout aujourd'hui mais elle peut vite dégénérer vers quelque chose de plus malsain, à cause de notre concurrence interne. Tout fonctionne à merveille, notre équipe crève l'écran, c'est magnifique et il faut s'en réjouir. Sans oublier qu'il n'est jamais aisé de conserver un bon état d'esprit collectif quand il y a tant de talents, de capacités et donc d'objectifs individuels. Je l'ai vécu en 2010, après les Jeux de Vancouver, les Norvégiens ont aussi régulièrement été confrontés à cela. Se montrer attentif aux dérives, cela signifie concrètement bien laisser à chacun la place qu'il mérite et dont il a besoin, de prendre garde à ce que des éléments extérieurs au groupe, les médias par exemple, ne viennent créer de différences de traitement indues ni déclencher des réactions de jalousie. Hier, la Fédération a voulu organiser une conférence de presse par téléphone réunissant Quentin, Simon et moi. Je savais que cela n'était pas une bonne idée, que les questions, malgré la performance collective, allaient s'adresser quasi exclusivement à moi sur le thème « le retour de Martin Fourcade » et que cela ne manquerait pas d'agacer, légitimement, Quentin et Simon.

Pendant des années, l'attention était focalisée principalement sur moi. C'était peut-être frustrant pour les autres coureurs français mais, puisque j'étais régulièrement le seul sur les podiums, cela pouvait se justifier ou en tout cas juguler d'éventuelles aigreurs. Depuis la saison dernière, il n'est plus possible d'accepter que les projecteurs demeurent en permanence braqués sur moi. Cela serait fondamentalement injuste par rapport aux performances de Simon et de Quentin. Ils souhaitent que leurs résultats soient reconnus et que leur personnalité propre soit mise en avant autrement qu'en tant que « coéquipiers de Martin Fourcade ». La donne a changé et toute notre organisation doit être adaptée. Je vais peut-être redevenir la locomotive de cette équipe de France, je bénéficie encore d'égards dus à mon passé, à mon palmarès, à mon expérience mais la lumière doit être équitablement partagée. Et, même dans ces conditions, il faut avoir conscience que cette saison peut être plus difficile à vivre pour Quentin et Simon si je retrouve, comme je l'espère, mon niveau de performance.

Ces réflexions ne constituent pas un sujet tabou pour nous. Nous avons évoqué régulièrement le thème de la médiatisation et de la reconnaissance au fil des saisons vécues ensemble. Je sais ce qu'ils ont ressenti de frustration, je suis conscient du fait que mes performances leur ont parfois fait de l'ombre, de manière justifiée souvent, parfois de façon plus injuste. Je me souviens, par exemple, d'un article sur le site de la Fédération titré : « Martin Fourcade et ses coéquipiers sur le podium en relais. » Difficile de proposer un titre plus maladroit ! Ce genre d'impair, dans un contexte de compétition et de rivalité exacerbée, peut abîmer la vie d'une équipe. L'équilibre d'un groupe demeure une fragile alchimie, surtout quand le niveau de performances individuelles augmente. Les champions, fondamentalement, ne se sont pas construits sur les notions de partage ou d'altruisme. Et moi pas plus qu'un autre.

Je m'entends bien avec tout le monde en équipe de France et j'ai de réelles affinités avec certains. Ce n'est pas, cependant, l'amitié qui nous a réunis mais la pratique d'un sport de compétition, au plus haut niveau. Nous avons appris à nous connaître et à nous apprécier mais nous sommes aussi en concurrence. Nous travaillons et nous vivons ensemble mais nous avons des objectifs incompatibles : il n'y aura jamais qu'un seul vainqueur, sauf en relais… Pour préserver l'état d'esprit du groupe et rendre compatibles les désirs individuels et les visées collectives, il faut faire attention à tous les détails. Prendre en compte la personnalité de chacun sans enfreindre les règles de vie du groupe constitue une double nécessité parfois difficile à concilier. Simon et Quentin n'ont, par exemple, pas du tout le même état d'esprit. Quentin revendique davantage que Simon le fait de rechercher la lumière. Il a montré, l'an passé, le plaisir que cela lui procurait. Pour Simon, c'est moins évident. Son caractère discret se prête moins aux pressions de la notoriété. Certains champions ne sont pas à l'aise avec ce qu'ils considèrent comme une charge et préfèrent se concentrer sur eux-mêmes plutôt que de se sentir investis d'une mission vis-à-vis du collectif. Marie Dorin fonctionnait ainsi et cela ne l'a pas empêchée de gagner. Je crois que Simon fonctionne un peu comme elle. Avec lui comme avec Quentin, en tenant compte des différences qui les caractérisent, je vais devoir faire attention à ce qu'ils vivent sereinement mon retour. S'il devait se confirmer…

Cette préoccupation s'invite régulièrement dans les discussions que nous avons avec Vincent (Vittoz), et pas seulement lors des briefings à propos du relais. Nous avons, par exemple, abordé le sujet à la veille de l'individuelle, à l'heure de décider à quel moment chacun de nous allait s'élancer. En Coupe du monde, les quinze meilleurs athlètes au classement général choisissent dans quel groupe ils veulent partir et ce choix peut avoir une influence non négligeable sur le résultat de la course, en fonction, entre autres, de la météo et de l'état de la piste. Une des restrictions étant qu'au maximum trois athlètes de la même nationalité peuvent être inscrits dans le même groupe.

L'année dernière, nous étions quatre parmi les quinze meilleurs mondiaux, l'un d'entre nous était donc de fait exclu du premier choix. Ç'a été mon cas avant le sprint d'ouverture, dimanche dernier, sur la foi de ce classement de la saison passée puisqu'en terminant 12e au général 2018-2019, j'étais le 4e Français, derrière Quentin (3e du général), Simon (4e) et Antonin (11e). À cela s'ajoute une règle franco-française qui avait été élaborée pour me protéger à l'époque où j'étais le seul à jouer réellement la victoire au général. Elle établissait que, pour la deuxième course à Östersund, on conservait le classement de la saison précédente, afin d'éviter que je pâtisse doublement d'un éventuel mauvais résultat lors de la course d'ouverture. Si l'on avait suivi cette règle, pour l'individuelle d'hier, Antonin aurait eu le choix de son dossard et moi pas. Compte tenu de ma forme en ce moment, du fait que j'ai réalisé les meilleures performances de l'équipe lors de la course de présaison à Sjusjøen et à l'occasion du sprint de dimanche, il a été proposé que j'aie la priorité au détriment d'Antonin. Il l'a d'ailleurs parfaitement compris et accepté. Même pour lui, principal intéressé et éventuellement lésé, cette décision était logique. Simon, lui, a estimé qu'elle était anormale et m'en a parlé. Sur le principe, je comprends parfaitement son avis même si je ne le partage pas. Tout cela s'est exprimé dans la sérénité et il n'y a pas de malaise entre nous. Notre discussion n'engageait pas l'état d'esprit du groupe. Mais cet épisode m'a quand même conforté dans l'idée que nous devons faire attention aux détails pour ne pas laisser la moindre ambiguïté s'installer…

Vincent en a aussi parfaitement conscience. Il mesure bien la difficulté qui est la sienne de gérer un groupe qu'il a tiré vers le haut et d'où ont émergé plusieurs têtes d'affiche et, en même temps, le coureur qui a été, sept années durant, le meilleur biathlète du monde et s'est effondré au moment où le nouveau coach a pris ses fonctions. Si je m'exclus du bilan, la saison dernière a été bonne pour tout le monde et le travail de Vincent a porté ses fruits. Mais, vis-à-vis de moi, cela n'a pas été simple. Ma victoire d'hier m'a fait du bien, aussi, pour cette raison, pour lui. C'est quelqu'un qui montre peu ses émotions, il ne m'a pas sauté dans les bras mais je sais qu'il a été touché et qu'intérieurement, il a ressenti un vrai bonheur.

ÖSTERSUND (SUÈDE)

dimanche 8 décembre 2019

CLASSEMENT DU RELAIS (samedi 7 décembre)

1 : Norvège (Dale, Bjoentegaard, T. Boe, J. Boe) 1h10'30"4 (0+9)

2 : France (Jacquelin, Fillon Maillet, Desthieux, Fourcade) +32"3 (1+7)

3 : Italie (Hofer, Bormolini, Cappellari, Windisch) +1'27"1 (0+8)

Mes sensations, pendant le relais d'hier, étaient tout juste moyennes. Mes jambes ne répondaient pas aussi bien que lors des autres courses. Cela arrive, je ne suis pas inquiet. Des jours comme celui-ci, j'en ai déjà connu, cela n'a rien à voir avec la galère de la saison dernière durant laquelle je ne me sentais jamais bien. Je pense que le rythme de la compétition avec deux jours de repos entre chaque course m'a été un peu préjudiciable. Avec ce genre d'enchaînement, il est difficile de rester totalement concentré comme de vraiment se relâcher. Avec mon beau début de semaine, la tension qui s'était accumulée en moi depuis des mois s'est évacuée pour dissiper les doutes et les craintes, provoquant un phénomène de décompression qui a fini par m'affecter après avoir remporté l'individuelle et revêtu le dossard jaune. Ce retour à la compétition constituait pour moi un grand saut dans le vide, sans que j'aie la garantie de disposer d'un parachute…

À l'arrivée, malgré ma performance trop neutre, je suis content que l'équipe ait réalisé une belle prestation. C'était plutôt sympa d'être sur le podium, ensemble. On sait que face aux Norvégiens, nous n'avons pas le droit à l'erreur et nous en avons commis. L'essentiel, comme on dit dans les « sports co », « c'est que le groupe vive bien » !

Avant de quitter la Suède, je suis allé, comme d'habitude à la fin de chaque étape, endosser mes primes de courses au bureau des compétitions. Tous les ans, je dis : « Au revoir, à l'année prochaine » aux gens de l'organisation qui sont là. Cette fois, je n'ai rien dit… Vincent était à côté de moi, je lui ai expliqué pourquoi cela me faisait un peu bizarre de ne pas prononcer cette phrase rituelle, on a rigolé et il a ajouté : « Allez, tu seras encore là l'année prochaine ! » J'ai préféré botter en touche. On verra bien…

CE RETOUR À LA COMPÉTITION
CONSTITUAIT POUR MOI
UN GRAND SAUT DANS LE VIDE,
SANS QUE J'AIE
LA GARANTIE DE DISPOSER
D'UN PARACHUTE…

CLASSEMENT GÉNÉRAL DE LA COUPE DU MONDE

(après 2 épreuves sur 24)

1 : Martin Fourcade 100 pts

2 : Tarjei Boe 92 pts

3 : Johannes Boe 91 pts

...

5 : Simon Desthieux 81 pts

6 : Quentin Fillon Maillet 77 pts

8 : Émilien Jacquelin 73 pts

10 : Fabien Claude 57 pts

32 : Antonin Guigonnat 20 pts

HOCHFILZEN (AUTRICHE)

HOCHFILZEN (AUTRICHE)

mardi 10 décembre 2019

À Östersund, j'étais en chambre avec Émilien et Antonin, dans un appartement au bord des pistes. Ici, à Hochfilzen, nous sommes logés dans une belle pension de famille, assez haut de gamme, chaleureuse et accueillante. Je partage une chambre avec Fabien Claude. Fabien ne dispose pas d'une console vidéo, ça va me changer des deux *gamers* de la semaine dernière ! On tâche de changer de colocataire à chaque étape pour que tout le groupe se mélange et ne pas créer de clans. Comme il y a deux couples en équipe de France (Simon avec Célia Aymonier et Émilien avec Chloé Chevalier), ces deux-là sont un peu moins souvent en chambre avec nous, mais, pour les autres, ça tourne.

Je suis content d'être ici, dans ce petit hôtel où j'ai mes habitudes depuis 2008. Nos hôtes sont aux petits soins avec nous, on y mange très bien, ce qui constitue un énorme contraste avec les deux dernières semaines en Suède ! Hier soir, toute l'équipe était à table à 18 h 30 pour se jeter sur les plats et le plateau de fromages. Nous apprécions cette étape en Autriche, le cadre est féerique et les conditions d'enneigement sont souvent optimales. D'ailleurs, même si tout était vert quand nous sommes arrivés hier, il a neigé quinze centimètres dans la nuit et le décor est maintenant parfait. J'ai mis du temps à apprivoiser cette étape, mais j'y ai désormais d'excellents souvenirs sportifs et extra-sportifs. Mes filles sont venues m'encourager au bord de la piste ces deux dernières années et cela a donné encore plus de saveur à mes victoires. De la même manière, lors des Mondiaux ici en 2017, j'avais gagné une belle poursuite. J'arrive donc en confiance et pas du tout stressé comme j'ai pu l'être par le passé sur des sites comme Oberhof

AUJOURD'HUI, J'AI ENVIE DE COUPER, DE NE RIEN FAIRE

où, forcément, à cause de plusieurs déconvenues, je ne venais pas dans l'état d'esprit optimal pour réaliser de grandes performances.

Aujourd'hui, j'ai eu envie de couper, de ne rien faire. Hier, en arrivant après une journée de voyage, nous sommes allés courir et ce matin, en me réveillant, j'ai senti que j'avais surtout besoin de repos. J'en ai parlé avec Vincent qui m'a sagement conseillé d'écouter mon corps, ce que j'ai fait. Après avoir consacré un peu de temps au shopping ce matin, histoire de rapporter à la maison pour Noël un bon kilo de chocolat Milka – ils ont ici des parfums que l'on ne trouve pas en France ! –, je me suis adonné cet après-midi à une noble activité : une sieste de quatre heures ! Demain, je reprendrai la routine habituelle.

Notre première course n'aura lieu que dans trois jours, ce qui nous laisse le temps de nous poser un peu avant de nous remettre au boulot. Je n'aime pas trop quand je ne dispose que d'une seule journée pour tirer et m'habituer aux conditions. Demain, on aura une séance sur le stade pour prendre nos repères et s'oxygéner. Jeudi, on fera une intensité afin de bien se mettre en jambes pour le sprint du lendemain. Pour les réglages de la carabine, demain on va s'occuper des becquets, les deux marqueurs que l'on ajuste au-dessus et au-dessous de l'épaule quand on se met en position de tir. Il y a des normes standard de la Coupe du monde pour la hauteur des cibles mais, bien sûr, cela varie un peu à chaque étape, en fonction de la hauteur de neige. Pour ce qui concerne le réglage du viseur, qui varie en fonction du vent, on s'en occupe le matin de la compétition. On dispose d'une heure pour ces essais de tir avec un privilège offert au meilleur de l'équipe qui se règle le dernier, au plus proche de l'heure de départ. Cela prend dix minutes, un quart d'heure par athlète. C'est un moment important, techniquement et mentalement, pour bien rentrer dans sa course. Mais je n'en suis pas encore là… Pour le moment, je me sens bien, détendu par mon bon début de saison. Je suis conscient que ma forme physique et mentale risque de ne pas être linéaire tout l'hiver, que je vais peut-être souffrir de petits creux de forme, mais je m'y suis préparé. J'essaie de savourer ce que je vis et advienne que pourra.

HOCHFILZEN (AUTRICHE)

dimanche 15 décembre 2019

CLASSEMENT DU 10 KM SPRINT (vendredi 13 décembre)

1 : Johannes Boe 25'07"8 (0+1)

2 : Simon Desthieux +7"8 (0+1)

3 : Alexander Loginov +14"6 (0+0)

4 : Matvey Eliseev +20"6 (0+0)

5 : Lukas Hofer +20"8 (0+1)

...

10 : Martin Fourcade + 38"8 (0+2)

14 : Quentin Fillon Maillet +45"9 (2+1)

16 : Antonin Guigonnat +51"8 (0+1)

18 : Émilien Jacquelin +54"9 (0+2)

23 : Fabien Claude +1'01"1 (1+1)

CLASSEMENT DU 12,5 KM POURSUITE (samedi 14 décembre)

1 : Johannes Boe 31'27"0 (0+0+0+0)

2 : Alexander Loginov +33"5 (0+0+0+0)

3 : Émilien Jacquelin +40"5 (0+0+0+0)

4 : Jakov Fak +41"6 (0+0+0+0)

5 : Simon Desthieux +41"6 (1+0+0+0)

...

8 : Fabien Claude +1'19"9 (0+0+2+0)

9 : Quentin Fillon Maillet +1'20"2 (0+0+1+1)

10 : Martin Fourcade +1'20"9 (0+1+1+0)

26 : Antonin Guigonnat +2'42"1 (1+0+0+2)

Pendant le sprint, j'ai skié correctement et mal tiré. Je n'ai pas su saisir les opportunités dont je disposais. C'est un peu le même bilan qu'à Östersund. À la différence notable qu'en Suède je me satisfaisais du résultat grâce à mes sensations retrouvées, par contraste avec la saison écoulée. Ici, je me sens frustré d'avoir laissé passer la chance qui m'était offerte de monter à nouveau sur le podium. À l'hôtel, j'ai discuté avec Franck Badiou, mon ancien entraîneur de tir qui s'occupe maintenant des filles, de ces deux situations où j'ai eu la possibilité de m'imposer et me suis montré incapable de conclure face aux cibles. Ici, comme en Suède, sans faute, je gagnais ; avec une balle ratée, je grimpais sur le podium. Avec deux, j'en descendais. Je suis descendu. Chaque fois.

J'AI BESOIN DE ME DÉCHARGER DES DOUTES QUI M'ASSAILLENT

J'avais besoin de me décharger des doutes qui m'assaillent, des fantômes qui reviennent me hanter et le mieux, c'est déjà d'en parler. Cela permet d'assumer et, peut-être, de passer à autre chose. Ce sont des situations où je ne suis pas parvenu à me placer mentalement dans un état conquérant, où l'enjeu est resté au premier plan dans mon esprit alors que j'aurais dû me concentrer uniquement sur ce que j'avais à faire, jamais sur les conséquences de mes actions. Pour être performant lors du tir, il faut se mettre dans un tunnel. Ne voir que la cible noire au bout du canon. Sur ces deux courses, j'ai senti que mon tunnel n'était pas aussi étanche qu'il doit l'être. La première petite erreur me met en danger, ouvre la porte à la seconde et je ne parviens pas à me rétablir. Ça n'est pas un problème de fond, je dois pouvoir régler ça. Chaque fois, Johannes part avant moi et part vite. Il me met la pression et, alors que cela faisait ma force par le passé, je n'ai pas réussi à la gérer correctement, à faire abstraction de sa performance, de sa stratégie, pour me focaliser uniquement sur la mienne. J'y suis pourtant parvenu à Sjusjøen et lors de l'individuelle d'Östersund mais, sur le sprint, j'ai encore du mal. Probablement à cause du format compact de cette course qui ne permet pas de temporiser. Je ne suis pas dans la bonne démarche. Je vais m'en occuper…

C'est bien trop frustrant de doubler les mêmes bourdes. En général, un sportif intelligent évite de commettre deux fois la même erreur au cours de sa carrière. Alors, quand cela m'arrive lors de deux courses à dix jours d'intervalle, je peux être agacé. D'où le recadrage que je me suis imposé. J'avais besoin de cette mise au point et je dois me faire violence pour modifier ma façon d'aborder le tir la prochaine fois.

Johannes exprime parfaitement ses qualités sur le sprint. C'est sa force et, en ce moment, tous les éléments constitutifs de la performance sont bien en place pour lui. Il vient de franchir un cap. Ça n'est malheureusement pas encore le cas pour moi. Il me reste une marge de progression au niveau physique que j'espère être en mesure de combler durant l'hiver. Qu'il soit favori fait partie de la donne, je dois pouvoir m'en accommoder. Ce qui me pèse, c'est de ne pas parvenir à exploiter ses erreurs quand il en commet. Et il en fait, comme tout le monde. Quand il ouvre la porte, je dois être capable d'y mettre le pied et de m'engouffrer. En attendant d'être au maximum de mes capacités sur les skis pour ne plus avoir besoin de guetter ses faux pas. Pour le moment, ma forme fluctue, cette semaine j'étais moins bien qu'en Suède. Je skie correctement même dans les périodes plus creuses, cela me permet de rester dans le match pour le haut du classement mondial, mais il me manque encore la petite magie qui illumine Johannes depuis l'année dernière, celle qui faisait ma force des années durant et qui le transforme aujourd'hui en cet extraterrestre. Peut-être que la mienne ne s'allumera pas cet hiver, peut-être que si… Je la sens toute proche, il me faut encore un peu de confiance, deux ou trois éléments favorables qui s'enchaînent et ça devrait revenir. C'est paradoxal, mon bilan comptable est moins bon que l'année dernière – je totalisais deux victoires à la même époque –, mais le ressenti n'a plus rien à voir. Cette fois, je sais que je peux me battre. Que la flamme est là, ténue mais tellement précieuse.

Lors de la poursuite, j'ai réussi une course plutôt pleine, mais les premiers partants ont bien tiré. Avec un 18/20, je suis dans la moyenne, pas mieux. En démarrant de la 10e place, je devais claquer un 20/20 pour remonter dans le classement, comme l'a superbement fait Émilien. J'aurais pu atteindre le 7e rang, mais, dans le dernier virage, Quentin et moi nous sommes accrochés. La chute nous a fait perdre deux ou trois places chacun… J'étais assez énervé à l'arrivée, je suis reparti skier plutôt que d'aller répondre à chaud aux questions des médias. Sur l'incident de course lui-même, il me paraît vain maintenant de chercher à déterminer qui a raison et qui a tort. Pour moi, Quentin tente un dépassement qui n'a pas lieu d'être à ce moment-là, j'avais mené tout le tour pour creuser l'écart et rattraper les coureurs devant nous. Il avait cent fois l'occasion de me doubler avant, il n'a pas souhaité le faire et a tenté le coup au seul endroit où ça ne passait pas. Je tombe, il tombe, nous perdons des places et des points, nous sommes frustrés tous les deux. On s'en est expliqué, il n'y a pas de malaise. Vincent a tenu à nous réunir pour purger le problème afin qu'il ne ressorte pas plus tard dans la saison, de façon amplifiée. Quentin s'est excusé d'avoir tenté un dépassement à cet endroit-là ; moi, je me suis excusé d'avoir conservé ma trajectoire sachant que ça n'allait pas passer. J'ai simplement ajouté que je n'avais pas apprécié sa sortie devant les caméras lui demandant de ne pas recommencer. Vincent a été dans le même sens que moi et Quentin, conscient de son caractère sanguin, a convenu qu'il avait commis une erreur, regrettant d'avoir réagi à chaud. Je n'ai jamais été partisan de porter un discours formaté et politiquement correct, mais il faut aussi savoir garder certaines choses pour soi, n'en parler qu'avec les intéressés. Maintenant, il n'y a plus qu'à espérer que nous ne regretterons pas en fin de saison les quelques points que nous avons bêtement perdus dans l'histoire…

CLASSEMENT GÉNÉRAL DE LA COUPE DU MONDE

(4/24)

1 : Johannes Boe 211 pts

2 : Alexander Loginov 177 pts

3 : Simon Desthieux 175 pts

…

5 : Martin Fourcade 162 pts

7 : Émilien Jacquelin 144 pts

8 : Quentin Fillon Maillet 136 pts

11 : Fabien Claude 109 pts

19 : Antonin Guigonnat 60 pts

LE GRAND-BORNAND

LE GRAND-BORNAND

mardi 17 décembre 2019

Encore une journée de voyage galère hier. Des transferts retardés, des navettes qui n'arrivent pas, des bouchons à Genève… On ne va pas se plaindre, même si c'est un peu lourd. Et puis le beau week-end qui nous attend vaut bien quelques désagréments. Parvenus au Grand-Bo, il y avait déjà du monde massé devant l'entrée de notre hôtel, pour nous faire signer des autographes. Ça nous a mis dans le bain sans tarder ! Nous avons quand même pu réaliser un petit footing nocturne, histoire de nous dégourdir les jambes sur le site de compétition. Ce matin, j'avais une opération de partenariat avec Entremont, la signature de la prolongation pour deux ans de mon contrat avec eux. Quelle que soit ma décision de continuer ou d'arrêter ma carrière à la fin de la saison. C'est maintenant le cas avec mes partenaires principaux, qui ont tous décidé de poursuivre notre aventure sans restriction. C'est une belle marque de confiance.

À midi, nous avons déjeuné dans notre hôtel au bord de la piste, où seuls les athlètes et le staff ont le droit de pénétrer. Même les familles ne sont pas les bienvenues. Il faut concéder quelques sacrifices et s'isoler un peu pour que l'engouement populaire ne perturbe pas la préparation sportive. Après le repas, j'ai regagné la chambre ou plutôt la grande suite que je partage avec Émilien et Simon avant d'aller skier avec le reste de l'équipe. Il y avait déjà énormément de monde pour nous encourager, ce qui n'arrive jamais à l'entraînement. Cette fin de semaine va être énorme en termes d'ambiance. Toute ma famille sera là pour en profiter et, même si cela m'oblige à jongler un peu avec toutes les demandes de tickets d'entrée que je reçois, c'est agréable de me retrouver ainsi entouré de mes proches, de mes partenaires et des supporters. Pour la neige, en revanche, les conditions ne seront pas optimales. Il fait très doux, les pistes sont déjà bien brassées, il va falloir privilégier les petits dossards. Comme Émilien, Simon et moi sommes les trois Français les mieux classés au général, c'est nous qui bénéficierons de la priorité de choix du groupe de départ. Quentin, Fabien et Antonin passeront après. Si les conditions se maintiennent, comme prévu, cela va forcément jouer sur les résultats.

LE GRAND-BORNAND

dimanche 22 décembre 2019

CLASSEMENT DU 10 KM SPRINT (jeudi 19 décembre)

1 : Benedikt Doll 23'22"1 (0+0)

2 : Tarjei Boe +9"4 (0+0)

3 : Quentin Fillon Maillet +11"3 (0+0)

4 : Johannes Boe +14"8 (1+1)

5 : Erlend Bjoentegaard +15"0 (0+0)

...

8 : Simon Desthieux +36"4 (0+1)

12 : Martin Fourcade +46'9 (0+2)

20 : Émilien Jacquelin +1'06"0 (0+2)

35 : Fabien Claude +1'28"8 (1+1)

59 : Antonin Guigonnat +2'09"8 (2+2)

CLASSEMENT DU 12,5 KM POURSUITE (samedi 21 décembre)

1 : Johannes Boe 30'07"8 (1+0+0+0)

2 : Quentin Fillon Maillet +22"0 (0+0+0+0)

3 : Vetle Christiansen +1'00"0 (0+0+1+0)

4 : Tarjei Boe +1'01"7 (0+0+1+1)

5 : Benedikt Doll +1'23"8 (0+1+1+1)

6 : Émilien Jacquelin +1'32"3 (0+0+1+1)

7 : Martin Fourcade +1'32"5 (0+1+1+0)

...

15 : Simon Desthieux +2'32"1 (1+1+1+2)

34 : Fabien Claude +3'37"3 (0+0+3+3)

43 : Antonin Guigonnat +4'10"7 (2+0+2+0)

CLASSEMENT DU 15 KM MASS START (dimanche 22 décembre)

1 : Johannes Boe 41'36"3 (0+0+1+0)

2 : Émilien Jacquelin +42"1 (0+0+1+0)

3 : Tarjei Boe +51"8 (0+0+01)

4 : Quentin Fillon Maillet +1'03"3 (+0+1+1+0)

5 : Martin Fourcade +1'05"0 (0+1+0+0)

...

10 : Simon Desthieux +2'15"7 (0+1+1+2)

19 : Fabien Claude +3'22"4 (3+1+0+2)

La mass start a été pour moi une course un peu étrange. Je tire bien – une seule faute pour un bon 19/20 –, j'ai le sixième temps à skis, le sixième temps au tir, je réussis donc une course très correcte et à l'arrivée, je suis seulement 5e. Mes efforts ne sont pas rentables ! C'est la physionomie de la course qui a voulu cela. Les six coureurs les plus rapides à skis ont tous été aussi les meilleurs au tir et en vitesse de tir. Cela a provoqué des écarts énormes et, pour ma part, je savais dès le deuxième tour que j'allais terminer entre la 3e et la 5e place. Je ne pouvais pas espérer mieux et je ne peux pas nier qu'avaler les derniers kilomètres dans ces conditions ne fut pas très exaltant. La course en elle-même a été difficile, éprouvante, avec des conditions de neige qui obligeaient à travailler en permanence, sans la moindre période de répit. Mes sensations, sans être médiocres, n'étaient pas exceptionnelles. J'étais par-dessus tout frustré à cause de l'impossibilité manifeste d'aller chercher un meilleur résultat. Je voyais que, devant, Johannes était encore sur une autre planète, qu'Émilien et Tarjei s'accrochaient parfaitement au podium qui leur était promis et qu'il n'y avait donc quasiment aucune chance que les deux sautent simultanément en se trouant sur le tir debout. Cette limite à mes perspectives est vite devenue palpable et un peu démoralisante.

La poursuite du vendredi fut plus agréable à vivre, plus forte en adrénaline, même si j'ai loupé le coche sur le second tir couché alors que je jouais un podium. Plus globalement, j'ai du mal à qualifier sportivement ce week-end au Grand-Bornand. Il n'est ni fantastique ni réellement décevant. J'ai un bon niveau, mes résultats – 12e, 7e et 5e – ne sont pas infamants, mais j'avais envie d'autre chose et, surtout, j'avais en moi la possibilité de réussir bien mieux.

Paradoxalement, j'ai ressenti de très belles émotions. J'ai trouvé mon plaisir ailleurs que dans les résultats. J'ai apprécié l'ambiance de folie, le soutien populaire énorme. Cette étape française est une vraie réussite et cela me touche profondément. Je réalise, pour avoir vécu la première Coupe du monde ici, que le changement, la montée en puissance, s'est fait pendant « mes années » au sommet de la discipline. Alors, sans me prendre pour un autre, mais sans non plus jouer les faux modestes, je sais que j'ai apporté ma contribution à l'avènement de cet événement. Je fais partie de ceux qui ont compté pour que cette étape française du circuit mondial de biathlon devienne une référence. Une référence que les coureurs étrangers, venus de pays où la tradition du biathlon est bien ancrée, ont saluée, louée et vantée dans leurs médias nationaux. Je suis fier de cela, rempli d'allégresse de vivre ce moment ! Ce week-end, j'ai touché du doigt la matérialité d'un grand succès populaire, de ce partage qui dure et nous unit, athlètes et fans, Français et étrangers.

Le plus étonnant, c'est que le plaisir prend rapidement le pas sur la frustration. J'ai les moyens physiques de peser sur la course – ce que je ne pouvais pas faire la saison dernière – mais, depuis Hochfilzen, mes résultats concrets ne sont pas à la hauteur de mes capacités du moment. Pourtant, je parviens à apprécier les moments que je vis, à m'attacher davantage aux aspects positifs, même s'ils relèvent davantage de considérations extra-sportives. C'est presque déstabilisant pour moi : avant, je ne trouvais le plaisir que dans la victoire, la performance, l'excellence et aujourd'hui je me surprends à aimer une période de ma vie qui ne ressemble pas à mes standards habituels. Je devrais être en colère et je me sens apaisé. Je devrais avoir la rage et m'en vouloir de n'être pas victorieux ou au moins juché sur les podiums mais, au lieu de cela, je regarde joyeusement ce qui se passe autour de moi, je prends le temps de le savourer, de mémoriser images et sensations. C'est fou de constater que la saison dernière m'a changé à ce point. Pendant presque dix ans, je n'aurais pris aucun plaisir si je n'avais pas dominé comme je l'ai fait. C'était là-dedans que je m'épanouissais, que je me réalisais. Mon plaisir, c'était gagner. Parce que je faisais ça bien, parce que c'était mon quotidien et qu'il n'y avait rien d'autre que la victoire ou la déception – et le mot est faible. Je pense à cette phrase un peu bateau que disent tous les athlètes : « Je n'ai rien à regretter, j'ai tout donné et fait du mieux que j'ai pu », pour moi, cette phrase-là signifiait automatiquement que j'avais gagné. Ce dimanche, sur la mass start, je suis tombé sur quatre mecs qui étaient meilleurs que moi et c'est ça ma réalité du moment, ma vie en ce début d'hiver. Une vie que, paradoxalement, j'apprécie sans me forcer. Ce simple constat me donne parfois l'impression de trahir celui que j'étais. Pourtant, accepter la réalité, ma réalité, c'est juste être capable de se regarder dans un miroir sans détourner le regard. C'est être capable d'aller voir Johannes Boe après la ligne d'arrivée pour lui dire « bravo ». J'ai suffisamment été à sa place pour mesurer l'ampleur de sa performance et, en tant qu'adversaire, être admiratif de ce qu'il réalise.

Aujourd'hui, je figure parmi les meilleurs mondiaux, je suis 4e au classement de la Coupe du monde, avec des performances intéressantes à skis comme au tir, mais il me manque ce grain de magie dont dispose Johannes et qui m'a porté pendant sept ans. C'est la seule chose qui me manque encore, la seule chose que j'aimerais revivre : ce sentiment de plénitude, de maîtrise, de domination. De la même façon que j'ai été profondément heureux d'avoir revêtu à nouveau le maillot jaune à Östersund, même en sachant que cela n'arriverait peut-être plus jamais ensuite, j'aimerais revivre, même pour une seule course, cette sensation de planer, d'être intouchable. Retrouver ne serait--ce qu'une seule fois ce goût incomparable d'être au-dessus. Dans ces moments de grâce, il n'y a aucune pensée pour venir polluer l'instant, pour te faire douter. Tu sais que tu es à ta place, tu sais ce que tu dois faire. Et tu pressens, sans que cela ne te trouble, ce qui va arriver, comment la course va se terminer... Je suis à la recherche de cette sensation magique que j'ai si bien connue.

Je n'en suis pas très loin, je n'y suis pas encore. Peut-être n'y serai-je plus jamais, qui sait ? Je cherche, je suis en quête et j'ai bon espoir. Pour l'heure, je me trouve dans la situation des quelques athlètes qui (pour)suivent Johannes. Nous devons être parfaits au tir comme à skis pour espérer gagner et nous sommes conscients que, malgré cette éventualité, cela restera serré pour la première place. Aujourd'hui, il n'y a que Johannes qui vit la situation autrement et peut se dire, comme je me le suis répété pendant des années : « Si je fais ce que j'ai à faire, je gagne. » Dans ce groupe derrière lui, on retrouve son frère Tarjei, Quentin, Simon, Émilien sur ce qu'il a montré ce week-end. Éventuellement Alexander Loginov. Et moi. La densité est importante pour la deuxième place mondiale, c'est pour le moment au sein de cette bande-là que je joue. Je m'en satisfais, vu d'où je reviens, même si j'espère progresser encore. Je sens parfois dans le regard des autres un décalage important par rapport au mien. Ils ne perçoivent pas toujours cette notion de plaisir qui m'habite malgré tout. Ils ne voient que le décalage entre l'image qu'ils ont de moi – cet athlète intransigeant, intouchable –, et ma réalité sportive du moment, sans appréhender cette étrangeté du soulagement que j'éprouve, au-delà des résultats. Je suis ravi d'être devenu cet homme-là, un homme heureux. Dans ma situation, avec l'éventualité de ma fin de carrière, c'est presque idéal de me retrouver ainsi, apaisé, désireux de figurer au mieux mais désormais apte à apprécier ce qui se présente. En y pensant, me sont revenues des images d'Emil Svendsen, mon grand concurrent des saisons 2011 à 2014, mon meilleur ennemi. Je me souviens de m'être demandé sur ses

9
odlo

s pourquoi il n'arrêtait pas. Il ne montait plus avec la même régularité sur les podiums et je ne voyais pas quel intérêt il pouvait y trouver. J'aurais dû me fier davantage au sourire qu'il promenait. Aujourd'hui, je comprends un peu mieux ce qu'il faisait encore là. Parce que sans être numéro un tous les jours, je prends du plaisir en course.

On m'a demandé à maintes reprises pourquoi je n'avais pas arrêté après les Jeux de PyeongChang, en pleine gloire. C'était, en effet, l'endroit rêvé pour prendre le micro… et le lâcher définitivement. Je venais d'obtenir un cinquième sacre olympique, de gagner le général de la Coupe du monde pour la septième fois de suite, j'aurais pu dire « merci et au revoir »… Finir au sommet c'était, je crois, le rêve après lequel courait Raphaël Poirée, comme beaucoup d'autres athlètes. Mais ça n'était pas le mien. C'était beaucoup trop simple d'arrêter à ce moment-là. Dans ma vision du haut niveau, dans l'imaginaire que je me suis forgé d'une carrière, c'était la solution de facilité, comme un abandon. Presque une trahison. J'avais autre chose à vivre et je le sentais. Peut-être qu'il n'y avait plus rien à apporter au champion mais je sais maintenant que l'homme avait encore à apprendre, à progresser. À vivre.

Entendons-nous bien, même s'il m'arrive de parler au passé, je n'ai pas fini ! Et même si je suis devenu un autre, je ne renie rien ! Cette rage intérieure m'a porté et permis de dominer ma discipline pendant une si longue période. Est-ce que j'ai changé parce que je suis parvenu au bout mon parcours, au bout d'un chapitre de mon histoire ? Est-ce que je me suis prouvé ce que j'avais à me prouver ? Est-ce que je suis rassasié ? Est-ce que j'ai comblé avec des médailles les failles sur lesquelles s'est bâti le champion ? Ou bien ces dispositions mentales ne sont-elles qu'en sommeil, anesthésiées par tant d'années de victoires et une saison blanche, n'attendant qu'un coup de pouce pour réémerger ? Je ne sais pas, je m'en fiche… L'année passée, je me suis fait la réflexion qu'avant, dans ma carrière, après chaque déconvenue, je revenais encore plus fort, je gagnais très souvent largement, avec la manière. La saison dernière, j'ai souffert de ne plus

EST-CE QUE JE SUIS RASSASIÉ ?

avoir ce ressort, cette immédiate résilience qui signait mon identité de sportif. Ça n'était pas mon mental qui était en cause, c'est mon corps qui était vidé. J'étais irréprochable au tir mais j'étais épuisé. Je n'en pouvais plus. Cette année, c'est presque l'inverse. En sprint, j'ai commis trois fois la même bourde au tir. J'ai parfois le sentiment que j'ai eu tellement peur de revivre la situation de l'année dernière que je me suis mis une barrière, comme une forme de protection, en refusant de me fixer des objectifs, de me projeter sur des performances... J'ai été prudent parce que je redoutais de prendre la même claque que l'an dernier. Mon démarrage idéal à Östersund m'a tellement soulagé que je me suis probablement relâché et j'en ai subi, dans la foulée, le contrecoup. Renouer avec la victoire et le dossard de leader après une si grande période de doute et de questionnement fut tellement fort qu'inconsciemment, je me suis peut-être démobilisé. Comme si à Östersund, dès l'entame, j'avais atteint mon objectif de la saison...

Heureusement qu'autour de moi, personne ne s'est endormi. Et cela me permet de demeurer vigilant. L'équipe de France n'a jamais été aussi compétitive. Nos résultats d'ensemble sont exceptionnels, nous sommes 5 parmi les 15 meilleurs mondiaux, 4 dans les 7 premiers. C'est presque incroyable. J'imagine que je pourrais me sentir blessé de les voir réussir parfois mieux que moi. Mais je vis assez bien cette montée en puissance, ne plus être systématiquement le mieux classé, que d'autres que moi montent sur les podiums et attirent la

2

lumière... À une autre période de ma carrière, je me battais pour crever l'écran, être incontournable, unique. C'est une histoire d'ego et d'orgueil. Cette facette de moi s'est dissipée. Depuis les Jeux olympiques de PyeongChang, durant lesquels j'étais le porte-drapeau de la délégation française, j'ai changé. Ce rôle hautement honorifique que j'ai occupé en Corée, cette autre manière d'être un chef de file – moins autocentré, plus au service du collectif – m'a permis de regarder différemment mes actions, mon attitude et leurs conséquences autour de moi. Aujourd'hui, je ne me situe plus du tout dans cette adversité au sein de l'équipe de France. Quand les gars ont été bons et que je l'ai été un peu moins, je suis content pour eux et cela atténue ma déception plutôt que de l'accentuer, comme cela aurait pu être le cas il y a deux ou trois ans. Avant, si un Français était bon et moi pas, je le vivais comme une double peine. J'ai bien conscience de la dose d'égoïsme qu'il faut pour appréhender les événements de cette façon, je sais aussi que l'avouer n'est pas forcément de bon ton... Je n'en suis pas fier mais c'était ma réalité. Cette attitude n'était pas totalement négative. Elle agissait comme un stimulant et je sais que beaucoup d'athlètes fonctionnent ainsi. Désormais, j'ai laissé derrière moi cet aspect un peu aigre de ma personnalité et j'en suis heureux. En contrepartie, j'ai perdu une partie de mon côté compétiteur. Au fond, quand mes équipiers réalisent une bonne performance, je suis simplement fier d'eux...

JE SUIS PERSUADÉ QU'ILS PERÇOIVENT MON ENVIE D'APPORTER AU GROUPE

Je me suis plusieurs fois demandé si cette évolution était positive ou négative. J'ai fini par réaliser que ce questionnement n'a pas de sens. Il s'agit simplement de la personne que je suis aujourd'hui, celui que ma vie a forgé. Cela ne servirait à rien de chercher à être un autre, comme cela ne servirait à rien d'essayer de changer celui que j'ai été. Je crois que cette évolution est saine, que mon envie de transmettre est naturelle, logique. J'ai deux petites filles à la maison, je souhaite leur inculquer des valeurs d'altruisme, de bienveillance et de générosité. Face à cela, je ne serais pas très à l'aise si je ressentais de l'amertume quand mes partenaires en équipe de France réussissent mieux que moi. J'aurais du mal, tel que je suis devenu, à l'assumer. Alors tant mieux si mes émotions sont désormais toutes autres et tant pis si le surcroît de motivation que l'adversité interne me procurait a maintenant disparu. Il existe d'autres moteurs !

Je ne sais pas si Quentin, Simon, Émilien, Antonin et Fabien ont pleinement conscience de ce changement, mais je suis persuadé qu'ils perçoivent mon envie d'apporter au groupe. Tous ne se situent pas dans une approche similaire. C'est logique puisque chacun se trouve à un stade différent de sa carrière, de sa construction d'homme, et que nous avons tous une personnalité particulière. À mes côtés, il y a des athlètes ambitieux qui ont parfois le même caractère, le même état d'esprit que moi il y a quelques années. Dans une démarche pour devenir le meilleur au monde, cet égoïsme, cette volonté d'exacerber la concurrence permet de se pousser soi-même à être encore plus performant. Mais malgré ces volontés parfois divergentes, malgré ces différences de besoins et d'envies, ils savent que je désire transmettre. Je me permets régulièrement de distiller de petits conseils, je partage mon expérience en me disant qu'elle peut leur servir aussi. Samedi, par exemple, à la fin de la réunion à propos de la mass start du lendemain, j'ai dit à Émilien : « Attends-toi à ce que Johannes parte à bloc, la neige sera lente, les écarts seront donc accentués et je peux te dire que, quand tu es le meilleur, sur ces neiges-là, tu veux creuser l'écart immédiatement. Sois vigilant, reste près de lui, ça va partir vite et il y aura des cassures dès le premier tour. » C'est exactement ce qui s'est passé et Émilien a su se montrer vigilant. Sa deuxième place, il se l'est construite tout seul et mon conseil n'avait pas d'autre prétention que de le tenir bien en éveil, mais je ne peux pas nier que j'étais heureux de le voir rayonner sur le podium. Je me surprends parfois à me dire : « Mais t'es dingue ! Tu leur donnes des clés pour te battre ! » On pratique quand même un sport individuel, mais ce partage d'expériences, à ce stade de ma carrière, fait partie du jeu. Les athlètes que j'ai admirés avaient aussi ce comportement avec moi. Je pense, par exemple, à Vincent Defrasne qui, sur sa fin de carrière, m'a beaucoup aidé. Nous faisions chambre commune aux Jeux de Vancouver et, malgré ses propres performances qui le décevaient, il fut un soutien précieux pour moi.

J'ai endossé depuis quelque temps déjà ce rôle auprès des plus jeunes, sans pour autant abandonner ma propre quête. La réussite collective m'est devenue précieuse. Presque autant que ma réussite individuelle. Le plaisir que j'en retire n'est simplement pas placé au même niveau.

La saison dernière m'a permis de mieux appréhender les ressorts intimes d'un groupe et des athlètes qui le composent. De mesurer la fragilité de nos statuts, de nos performances, de la difficulté de notre tâche. Pendant dix ans, quand un copain, un équipier, ratait son relais et condamnait l'équipe, j'éprouvais, certes, une forme de compassion pour lui et je ne lui en voulais pas, mais je ressentais de l'incompréhension face à son incapacité. Aujourd'hui, je fais preuve de beaucoup plus d'empathie. J'ai réalisé que ce que j'ai vécu pendant dix ans n'était pas « normal », ne représentait pas la réalité de tous les sportifs de haut niveau. La claque que j'ai reçue lors du relais des Mondiaux l'année dernière m'a placé dans la position de celui qui plante toute l'équipe, sans la moindre excuse technique ou météo. Je connais la souffrance et la solitude que l'on ressent dans ces moments-là, même quand tes coéquipiers viennent te réconforter.

Un titre en relais masculin aux Mondiaux d'Antholz constituerait, dès lors, une forme d'aboutissement pour moi. J'ai traversé les générations, j'ai dominé mon sport et, finalement, ce titre mondial par équipe, c'est la seule chose que je n'ai jamais eue*, la seule chose que je n'étais pas capable d'aller chercher, malgré mon travail, malgré mon talent et mes résultats. J'en suis même venu à me demander si ça n'était pas de ma faute, si ce n'était pas moi qui inhibais l'équipe, qui écrasais les autres. Quand je vois aujourd'hui les performances des copains de l'équipe de France, je me dis que finalement non, je n'ai pas écrasé mes potes ! Peut-être même qu'au fond mon exigence n'a pas servi que moi… Alors oui, ça serait magnifique que nous parvenions enfin à conquérir le titre mondial en relais hommes. Et si je devais choisir une seule grande victoire cette année, ce serait celle-là.

CLASSEMENT GÉNÉRAL DE LA COUPE DU MONDE

(7/24)

1 : Johannes Boe 374 pts

2 : Tarjei Boe 313 pts

3 : Quentin Fillon Maillet 281 pts

4 : Martin Fourcade 267 pts

5 : Simon Desthieux 266 pts

…

7 : Émilien Jacquelin 257 pts

15 : Fabien Claude 144 pts

33 : Antonin Guigonnat 60 pts

* Je n'oublie pas nos titres en relais mixte aux Jeux de PyeongChang et aux Mondiaux d'Oslo mais je parle là d'une grande victoire en relais hommes, que nous n'avons jamais réussi à conquérir malgré la force de notre équipe depuis dix ans.

✗

FRANCFORT (ALLEMAGNE)

FRANCFORT (ALLEMAGNE)

mardi 7 janvier 2020

Je suis à l'aéroport de Francfort, avec le reste de l'équipe de France, nous attendons la navette qui doit nous conduire à Oberhof. La journée a été longue et elle n'est pas terminée. Encore des galères de transport, mais je ne suis pas d'humeur à me lamenter.

J'ai passé de très bonnes fêtes et j'ai pu travailler sereinement. Face au manque de neige sur le plateau du Vercors où je vis, nous nous sommes installés une grosse semaine à La Féclaz, avec Hélène et les filles, dans un appartement au bord des pistes. Il a fait beau, j'ai pu concilier vie professionnelle et vie de famille, c'était parfait à tout point de vue. J'ai eu la possibilité de skier chaque jour sans avoir besoin de prendre la voiture.

Tous les matins, après un bon petit déjeuner avec Hélène, Inès et Manon, je partais sur les pistes à 8 h 30 pour deux heures et demie de ski dont une heure avec du tir. En rentrant à l'appartement, j'allais récupérer Inès et Manon à l'ESF (École du ski français) à la fin de leur cours de ski alpin. Elles avaient, elles aussi, des journées bien remplies. Alpin le matin puis, pour Manon, fond l'après-midi avec sa mère ou avec moi quand je disposais d'une demi-journée de repos. Comme elle a débuté par l'alpin et qu'elle ne pratique le fond qu'avec nous, Manon est persuadée que le ski de fond, c'est le ski des grands. Du coup, elle adore ça, elle était fière de faire « du ski de grand » l'après-midi.

Émilien est venu passer une journée avec moi pour profiter lui aussi des bonnes conditions mais, le plus souvent, j'ai travaillé tout seul, avec l'aide du personnel de la station pour préparer le pas de tir. La veille de mes séances, je demandais ce dont j'avais besoin, le nombre de cartons, le nombre d'emplacements, le tapis, etc., et le matin, tout était prêt. Jean-Pierre Amat et Ole Einar Bjoerndalen étaient là, en stage avec l'équipe de Chine. Ils m'ont aidé pour les réglages. Je ne bénéficiais pas de conseil mais je disposais *a minima* d'un suivi. De toute façon, les biathlètes sont très autonomes. Dans notre sport, nous partons certes en stage deux semaines par mois avec un encadrement complet mais, le reste du temps, quand on s'entraîne à la maison, nous devons nous débrouiller seuls, dès le plus jeune âge. Ce rythme aide à nous émanciper rapidement, il permet aussi de sélectionner les plus motivés, de faire le tri entre ceux qui veulent vraiment y arriver, savent se faire violence et les autres…

J'avais bien sûr discuté avec Patrick Favre, le coach de tir, avant de partir, je savais ce que j'avais à faire. De toute façon, depuis deux ou trois ans, je suis plus indépendant sur cet exercice-là. J'ai emmagasiné énormément d'expérience avec Franck Badiou, qui m'a conduit à mieux me connaître, à savoir analyser mes réussites et mes erreurs, toujours dans ce souci d'autonomiser les athlètes et de les inciter à trouver eux-mêmes des solutions. Je me connais bien maintenant et, même si un regard expert extérieur est toujours le bienvenu, on finit par mesurer d'instinct où l'on en est. Là, j'avais estimé très exactement ce que j'avais envie et besoin de travailler. J'ai commencé par un petit retour en arrière parce que je sais bien qu'au fil de la Coupe du monde, on dégrade notre tir. On s'accroche moins à la qualité pour mettre un peu plus de vitesse à chaque course. J'avais besoin de prendre mon temps, de recommencer par des cartons avant de passer aux cibles mécaniques. J'ai aussi utilisé mes chargeurs qui contiennent plus de balles. Cela me permet de tirer les deux premières sur le carton avant d'enchaîner les cinq suivantes sur les cibles mécaniques. Je tire donc sept balles d'affilée, pour accentuer au maximum la dégradation qui se produit entre la première et la dernière balle. L'idée étant, bien entendu, de maîtriser au mieux cette dégradation. Cela a constitué ma grande piste de progression pendant les vacances. J'ai aussi peaufiné mon lâché (l'action d'appuyer sur la détente), pour le rendre plus fluide et préparer ces moments où le stress risque de me contraindre à produire un geste un peu plus heurté, comme au Grand-Bornand. Je n'aurais probablement pas pu effectuer ce travail seul il y a dix ou quinze ans. Désormais, c'est le cas. Cette fois, par exemple, je me suis astreint pendant toute une séance à ne pas regarder mes cartons après avoir tiré, histoire de décorréler les sensations du tir de sa réussite ou de son échec. Je me suis focalisé sur le ressenti, uniquement le ressenti, ce qui n'est pas vraiment possible quand tu sais qu'à un moment ou à un autre tu vas regarder ton résultat sur les cibles. Cela paraît tiré par les cheveux mais, pour ne pas être pollué, pour demeurer totalement concentré sur la manière, il faut pouvoir abandonner l'idée de conséquence. Et pour ne pas se projeter dans la cible, il faut savoir que tu ne la regarderas pas.

J'AVAIS BESOIN DE PRENDRE MON TEMPS

Ce type de travail m'a fait le plus grand bien. Et il est symbolique de ce que je recherche en ce moment. Être concentré sur moi-même, sur mes sensations. Je suis en train d'essayer de me retrouver pour avoir les moyens de m'épanouir à nouveau. Sans penser à la concurrence, sans penser aux objectifs, aux résultats passés ni aux courses à venir. J'avais besoin de me recentrer et c'est ce que j'ai pu accomplir pendant cette trêve. Je ne sais pas ce que cela va produire, j'ai le sentiment d'avoir bien travaillé, même si je me suis senti fatigué durant les deux dernières grosses séances à skis, notamment celle effectuée en confrontation avec Émilien. Je ne suis pas inquiet mais j'aurais aimé avoir plus de répondant. J'espère que la fin de la semaine me permettra de retrouver de la fraîcheur et d'être plus impactant sur les skis…

OBERHOF (ALLEMAGNE)

OBERHOF (ALLEMAGNE)

dimanche 12 janvier 2020

CLASSEMENT DU 10 KM SPRINT (vendredi 10 janvier)

1 : Martin Fourcade 25'27"2 (0+0)

2 : Émilien Jacquelin +25"5 (0+1)

3 : Johannes Kühn +33"0 (0+1)

4 : Matvey Eliseev +41"1 (0+0)

5 : Alexander Loginov +47"8 (0+1)

6 : Simon Desthieux +49"8 (0+1)

...

19 : Quentin Fillon Maillet +1'46"3 (1+3)

40 : Antonin Guigonnat +2'28"6 (3+1) ; 54 : Fabien Claude +2'48"3 (2+2)

CLASSEMENT DU 4X7,5 KM RELAIS (samedi 11 janvier)

1 : Norvège (Birkeland, Bjoentegaard, Dale, Christiansen) 1h19'32"3 (2+8)

2 : France (Jacquelin, Fourcade, Desthieux, Fillon Maillet) +4"4 (2+6)

3 : Allemagne (Horn, Kühn, Peiffer, Doll) +48"2 (2+14)

CLASSEMENT DU 15 KM MASS START (dimanche 12 janvier)

1 : Martin Fourcade 41'01"4 (0+1+0+1)

2 : Arnd Peiffer +20"1 (0+0+2+1)

3 : Simon Desthieux +20"3 (0+1+0+2)

4 : Johannes Dale +38"9 (0+2+1+1)

5 : Jakov Fak +43"1 (1+1+1+0)

...

16 : Quentin Fillon Maillet +1'24"2 (1+2+0+3)

29 : Fabien Claude +4'01"9 (3+2+1+3) ; 30 : Émilien Jacquelin +6'00"4 (3+2+3+1)

Après l'étape du Grand-Bornand, j'ai écrit dans ce carnet de bord que je souhaitais ardemment retrouver la délicieuse sensation de maîtrise totale sur une course, au moins une dernière fois. J'ai expliqué qu'elle seule me manquait encore puisque j'avais réalisé quasiment tout ce dont je rêvais depuis le début de la saison : me sentir bien physiquement, skier libéré, gagner de nouveau et enfiler le dossard jaune. Je me disais que je serais comblé si j'avais la chance d'éprouver ces instants de magie avant de raccrocher. J'espérais plus que tout renouer avec cette grâce de se sentir en total contrôle, au-dessus de la mêlée, serein et déterminé, quand on fait le bon choix, à tous les coups, à l'instant déterminant… C'est fait ! J'ai à nouveau expérimenté cette extraordinaire impression de plénitude pendant la mass start d'Oberhof. Et c'est comme une renaissance ! Je me sens férocement joyeux, rassasié mais plein d'appétit ! Je suis heureux…

Le sprint de vendredi était prometteur. J'avais déjà le sentiment de maîtriser mon sujet mais, quand on est seul en piste, on n'a jamais les mêmes sensations que lors d'un départ groupé ou d'une poursuite, quand la confrontation directe suscite les montées d'adrénaline en même temps qu'elle permet de s'étalonner en direct. Oui, vendredi, c'était déjà très bien, il ne manquait que des adversaires coriaces sur la piste à mes côtés. Samedi, j'en ai eu un bel avant-goût avec la course par équipes. J'ai tout donné malgré la difficulté de la tâche qui m'attendait avec ce relais qu'Émilien m'a transmis très loin des premiers. Je n'ai rien lâché, c'était important pour moi et pour l'équipe de France que je montre l'exemple. Le résultat a été à la hauteur de l'effort consenti avec ce nouveau podium collectif. Je n'ai pas calculé, je ne me suis pas économisé, loin de là, et pourtant je savais que le lendemain j'allais jouer un moment important de ma saison, de ma carrière.

J'avais vraiment envie, sur cette mass start, de réussir une course parfaite. C'est tellement jouissif quand tout se met en ordre pour obtenir cela... Pourtant, ce matin, la météo n'était pas propice à ce type de performance. Au départ, je n'ai pas vu que des visages sereins, et le mien n'était probablement pas le plus radieux. Malgré cela, rapidement, j'ai senti que tout était fluide, que je prenais les bonnes décisions au bon moment, j'assumais mes choix et notamment celui de ne pas lester ma carabine pour contrer l'effet du vent. Cette méthode, expérimentée par l'équipe d'Italie, consiste à placer un poids d'une centaine de grammes au bout du canon pour le stabiliser. Certains de mes coéquipiers ont décidé de l'utiliser ici, pas moi ! Quand il a proposé cette solution, je me suis retourné vers Franck Badiou pour refuser en riant : « On ne change pas une équipe qui gagne ! »

J'ai bien fait ! Cela faisait tellement longtemps que je n'avais plus éprouvé cette sensation extraordinaire d'évoluer en totale maîtrise, en étant parfaitement conscient de tout, de ma stratégie, de chacun de mes gestes et de ce qu'ils allaient provoquer, des autres coureurs, de la foule autour, du vent... C'était génial, émouvant. Très émouvant. Je savais en plus que j'allais récupérer le dossard jaune de leader de la Coupe du monde et, même s'il ne s'agissait pas d'un objectif clair, je n'aurais pas aimé qu'un autre aille le cueillir à ma place sur les épaules de Johannes. Dans le dernier tour, je pensais à cela. Je me sentais fier d'avoir réussi, dans ces conditions de neige et de vent qui induisaient une large part d'incertitude. Parvenir à mettre la main sur la course dans ces conditions, c'est beau, c'est bon. Je suis resté concentré mais je n'ai pas pu m'empêcher de penser à ce que j'avais noté, dans ce journal intime, après le Grand-Bornand. Dans le dernier tour, je me suis dit que ce désir exprimé par écrit avait été exaucé. C'est fou ! Ce que je voulais le plus, j'étais en train de le vivre ! Et m'est venue en tête la phrase prononcée par Thierry Roland quand la France a remporté la Coupe du monde de foot, le 12 juillet 1998 : « Après avoir vu ça, on peut mourir tranquille ! » Je me suis senti à deux doigts d'éclater de rire sur la piste...

Maintenant, de retour à l'hôtel après le protocole et la litanie des obligations épuisantes auxquelles je m'astreins aujourd'hui avec joie, je décompresse et j'apprécie l'instant. La saison dernière m'a changé sur ce point : je tâche de ne pas me poser de questions, de ne pas essayer de prendre la mesure de ce qui m'arrive, juste d'en profiter, de vivre l'instant. Et pour ne pas être tenté de me distraire et de dévier de cet objectif, j'ai décidé de ne plus emporter mon téléphone les jours de course. Je sais que tout peut s'arrêter très vite, que, dès la semaine prochaine, je peux me retrouver en difficulté et dans le doute. Je ne possédais pas cette forme de sagesse avant de me ramasser dans les grandes largeurs l'année dernière. Maintenant, je sais, alors j'évite de me projeter. Je me contente de vivre le moment présent. J'ai bu une bière avec le staff au bar de l'hôtel et c'est exactement ce dont j'avais envie à cet instant : partager.

CLASSEMENT GÉNÉRAL DE LA COUPE DU MONDE

(9/24)

1 : Martin Fourcade 387 pts

2 : Johannes Boe 374 pts

3 : Simon Desthieux 352 pts

...

6 : Quentin Fillon Maillet 328 pts

7 : Émilien Jacquelin 313 pts

21 : Fabien Claude 148 pts

39 : Antonin Guigonnat 61 pts

RUHPOLDING (ALLEMAGNE)

RUHPOLDING (ALLEMAGNE)

lundi 13 janvier 2020

Je suis d'autant plus satisfait de ce qui arrive que j'ai pris un petit risque dans mon travail de préparation pendant les fêtes. J'ai accepté de suivre les recommandations de Vincent qui me proposait d'augmenter substantiellement mon volume habituel d'entraînement durant la trêve. On avait évoqué le sujet à la fin de l'étape du Grand-Bornand et Vincent m'avait dit en riant : « Tu n'as pas encore regardé le programme que je t'ai concocté ? Tant mieux, ça ne va pas te plaire ! » Il croit beaucoup à ces séquences avec de lourdes charges de travail à basse intensité. Je me suis construit différemment sous la houlette de Stéphane Bouthiaux, en misant davantage sur la fraîcheur à l'approche de la compétition. J'avais des doutes sur les principes de Vincent appliqués à un athlète de mon âge. L'année dernière, j'avais travaillé trop dur jusqu'à arriver à saturation – presque à épuisement –, avec les résultats que l'on connaît. Cette stratégie d'alléger un peu, je l'ai tenue jusqu'aux vacances de Noël. Cette fois, le programme de Vincent m'inspirait et respectait à la fois son credo en termes de quantité et mon ressenti : même s'il commençait par cette grosse phase de volume, il offrait deux jours de repos avant de reprendre par des séances d'intensité qui apportent la fraîcheur dont j'ai tant besoin. Même s'il y avait ce risque d'avoir fatigué mon corps avec ce début de Coupe du monde assez intense et de ne pas supporter cette nouvelle lourde charge de travail, j'ai dit « banco ». Je gardais en tête qu'en janvier dernier j'avais voulu forcer la machine alors que j'avais besoin de me reposer. Mentalement, cette erreur a laissé des traces…

Cette fois, j'ai senti que je pouvais y aller. J'ai confiance en Vincent. Je vivais très mal que le bon travail que l'on réalise ensemble depuis deux ans ne se soit pas concrétisé, que notre première saison de Coupe du monde ensemble se soit soldée par un échec. Vincent aussi devait être touché par ce constat : il a quand même pris la responsabilité de la performance d'un numéro un mondial depuis sept ans et il s'est retrouvé à devoir gérer la forme très aléatoire d'un athlète épuisé et rapidement en plein doute… J'en étais d'autant plus déçu que notre collaboration se passait de façon idéale en termes techniques et d'autant plus frustré que j'ai un immense respect pour lui, qu'on s'entend vraiment bien et que nous avions tous les deux l'impression d'avoir intelligemment travaillé. Vincent est intègre, sensible mais pudique et ses qualités humaines renforcent mon désir de réussir aussi pour lui. Après les Jeux, j'avais beaucoup misé sur ce nouveau projet qu'il incarnait. Avec Stéphane, nous sentions que nous étions arrivés au bout de ce que nous pouvions réussir ensemble. Vincent m'avait apporté cette bouffée d'oxygène dont j'avais besoin. Il fallait que les résultats viennent valider le bien-fondé de nos choix…

C'est le premier week-end où je m'épanouis à ce point sur les skis. J'étais déjà très bien à Östersund, pour le coup d'envoi de la saison, mais de vendredi à dimanche, à Oberhof, la maîtrise était plus complète, je ressentais moins de tension et cela m'a permis de m'exprimer pleinement.

L'autre motif de satisfaction vient de ma réussite au tir dans des conditions très difficiles, avec de grosses rafales de vent, comme souvent à Oberhof. En décembre, mon manque de précision m'avait occasionné pas mal de frustration et empêché d'obtenir des résultats bien plus probants, notamment au Grand-Bornand. J'avais mis tellement d'implication sur mon ressenti physique lors de la préparation estivale à cause de mes déboires de l'année dernière que j'avais forcément été un peu moins vigilant à mes sensations au tir. Cela m'a valu, en décembre, de gâcher un peu le retour de mes bonnes performances à skis. Je commettais des erreurs inhabituelles pour moi lorsque j'étais en mesure de gagner. Il fallait remédier à cela. Y réfléchir à Noël et prendre le temps de travailler comme je l'ai fait m'a bien aidé. Le tir demeure une alchimie fragile, je ne vais pas m'emballer et penser que tout ira bien jusqu'à la fin de la saison, mais j'ai toujours eu plus de certitudes quant à mes capacités au tir qu'à propos de ma forme physique. Je n'ai pas de crainte concernant celle-ci mais je suis plus prudent et je ne veux surtout pas me projeter. Je n'ai plus peur d'être mauvais comme l'an passé mais, entre le bon et le très bon, il y a toujours une mince marge qui fait passer de la victoire à la 5e place. Et là-dessus, personne n'a de garantie.

C'est vrai que je doute moins avec ces deux victoires d'affilée. Je me pose moins de questions mais je reste conscient que chaque semaine, en biathlon, les cartes sont rebattues. On change de site, on change de neige, on change d'altitude et de conditions météo. La coupure peut aussi avoir des effets physiologiques que l'on mesure mal. La dynamique d'une semaine n'est pas forcément la même la semaine suivante. Cette forme de suspense constitue d'ailleurs l'une des forces de notre sport. Cela n'empêche pas de se montrer optimiste : même avec des cartes rebattues, on peut tirer un beau jeu plusieurs fois de suite, non ?

CE MAILLOT JAUNE, JE VIENS DE LE REPRENDRE ET JE VEUX LE DÉFENDRE

J'y crois d'autant plus que la confiance accumulée s'ajoute à l'absence de Johannes qui m'a aidé à me libérer. Je me sens apte à œuvrer comme je l'entends, à imposer mon propre rythme plutôt que d'essayer de contrer le sien. Il avait pris l'ascendant sur moi et je vois que je ne dois plus m'occuper de lui comme auparavant. Je perdais de vue mes propres sensations et ma stratégie pour calquer ma course sur la sienne. J'avais en tête l'impératif du 10/10 sans lequel je n'avais pas la possibilité de l'accrocher. Les balles loupées venaient aussi de là. C'est là-dessus que je dois continuer à travailler pour la suite du mois de janvier, sur cet aspect mental et stratégique. Bien calé sur ce surcroît de confiance emmagasiné grâce à la mass start mais aussi grâce au sprint. Cela ne m'était plus arrivé depuis mars 2018 de gagner un sprint !

Je conçois que cela puisse sembler aberrant, qu'avec mon palmarès, je puisse douter à ce point et avoir du mal à résoudre le problème que me pose Johannes. La saison dernière, pas une seule fois, je ne me suis senti en position de lutter à armes égales face à lui. J'ai certes gagné deux courses, pas par chance mais sans réelle maîtrise et durant les deux premières semaines de la saison. Pendant les huit suivantes, jamais je n'ai pu rivaliser, pas une fois je ne me suis battu pour la gagne ! J'ai perdu l'habitude de ces situations. Gagner, dominer, c'est quelque chose qui s'entretient et, en traversant une trop longue période de creux, je me suis retrouvé presque comme un junior qui apprend à gérer toutes les situations à mesure qu'elles se présentent. Il faut alors retrouver des clés pour chacune d'entre elles…

Je ne nourris pas de complexe face à Johannes, il ne s'agit pas de cela, mais simplement la mémoire et la confiance s'ancrent toujours sur le passé le plus proche. On parle de l'expérience que j'ai accumulée mais mes victoires aux Jeux olympiques, aux Mondiaux, comme mes sept places de numéro un mondial d'affilée, ne comptent plus face aux sensations désastreuses de la saison dernière. Elles commencent tout juste à s'effacer pour laisser la place aux bonnes ondes générées par mes victoires et surtout par mes sensations. J'ai été tellement loin de mes bases que je me suis retrouvé sans repères. Les avoir retrouvés de cette manière me rend fier. Fier d'avoir su rebondir après tant de doutes, fier d'avoir remis la main sur un bien précieux que j'avais égaré et que pas grand monde ne m'imaginait retrouver. Un peu à l'image de ce que j'ai ressenti à Hochfilzen quand je me suis élancé avec, sur les épaules, le dossard jaune de leader de la Coupe du monde que j'avais reconquis à Östersund. Ça n'était pas gagné et pourtant j'y suis parvenu… Et ce maillot jaune, je viens de le reprendre et je veux le défendre. Si cela se passe bien cette semaine, je peux accentuer mon avantage et me bâtir une belle avance qui ne sera pas facile à remonter, même pour Johannes. Je ne veux pas me projeter, encore moins tomber dans l'excès de confiance, mais j'ai désormais un autre challenge à relever, un autre match à jouer. Des objectifs que je n'avais pas intégrés en début de saison, le doute ne m'ayant jamais permis d'y croire. Jamais jusqu'à aujourd'hui, je n'ai eu la prétention de me dire que je pouvais me battre pour le classement général.

Maintenant… je ne vais pas tarder à y penser ! Ces nouveaux objectifs m'apportent d'autres motifs de tension et de stress, mais ceux-là me sont déjà plus familiers. J'ai su les gérer par le passé, il n'y a pas de raison que je n'y parvienne pas à nouveau. J'ai retrouvé l'appétit. C'est étrange ce que je ressens : un sentiment de satiété et une faim de loup en même temps !

somfy

RUHPOLDING (ALLEMAGNE)

dimanche 19 janvier 2020

CLASSEMENT DU 10 KM SPRINT (jeudi 16 janvier)

1 : Martin Fourcade 22'41"5 (0+0)

2 : Quentin Fillon Maillet +3"1 (0+0)

3 : Benedikt Doll +12"0 (0+0)

4 : Vetle Christiansen +22"2 (0+1)

5 : Simon Desthieux +23"5 (0+1) et Fabien Claude ex aequo (0+1)

...

12 : Émilien Jacquelin +45"2 (0+1) ; 13 : Antonin Guigonnat +46"9 (0+1)

CLASSEMENT DU 4X7,5 KM RELAIS (samedi 18 janvier)

1 : France (Jacquelin, Fourcade, Desthieux, Fillon Maillet) 1h18'11"2 (0+6)

2 : Norvège (Dale, Bjoentegaard, T. Boe, Christiansen) +1'12"2 (0+10)

3 : Autriche (Landertinger, Eder, Leitner, Eberhard) +1'24"3 (0+4)

CLASSEMENT DU 12,5 KM POURSUITE (dimanche 19 janvier)

1 : Martin Fourcade 31'26"8 (0+0+0+0)

2 : Quentin Fillon Maillet +17"6 (0+0+1+0)

3 : Vetle Christiansen +46"0 (0+0+0+1)

4 : Simon Desthieux +46"1 (0+0+0+1)

5 : Benedikt Doll +52"2 (0+0+1+0)

6 : Émilien Jacquelin +1'04"9 (0+1+1+1)

...

8 : Antonin Guigonnat +1'06"4 (0+0+1+0) ; Fabien Claude +1'37"3 (1+1+0+1)

Si je devais résumer ma semaine, je pourrais dire, malgré la fatigue que je sens poindre : c'était parfait ! J'ai optimisé mon potentiel et confirmé mon très bon début d'année, au niveau de ma forme, de mes sensations et de leur conversion en termes de réussite sportive. J'ai disputé des courses de très haut niveau, à fond partout et tout le temps, dans un contexte de concurrence exacerbée mais très saine, en particulier au sein de l'équipe de France. À propos du sprint, inutile d'épiloguer, les meilleurs skieurs ont tiré sans faute : Quentin, Simon, Christiansen plus quelques autres. Je n'avais pas le droit à l'erreur. Je n'en ai pas commis et j'ai gagné…

Le surlendemain, du fait des chutes de neige, le relais a pris la tournure d'une course très lente, avec de gros écarts qui se creusent rapidement. Ces conditions ont favorisé l'équipe de France qui aligne quatre très bons skieurs. Émilien, parfait au tir comme sur ses skis, nous a lancés idéalement et j'ai réussi à pousser notre avantage. Pour Quentin et Simon, le trou était creusé, ils devaient tenir leur rang. C'est toujours plus facile à dire qu'à faire, mais ils l'ont fait.

Simon réussit une très belle course, dans des conditions où il avait la pression et tout à perdre s'il se ratait. Quentin a été juste un peu moins performant, mais cela a largement suffi. Je confesse avoir pensé l'espace d'une seconde qu'il n'avait pas eu besoin de puiser dans ses réserves pour nous assurer la victoire et qu'il serait donc plus frais que moi dimanche pour la poursuite où il risquait d'être mon adversaire le plus redoutable ! Cela dit, j'ai moi-même tiré avantage

de ma place de deuxième relayeur : Quentin était encore sur la piste quand je me consacrais déjà à ma séance de récupération sur un vélo. C'est aussi pour cela que je préfère participer à lancer les relais plutôt que de les conclure, ça permet de se mettre à bloc et sans calcul avant de décompresser jusqu'à l'arrivée des derniers relayeurs. Quand je partais en dernière position, j'étais placé dans une situation d'urgence après la course où je devais tout enchaîner – me changer, passer voir les télés, assister à la cérémonie, participer à la conférence de presse… – sans pouvoir me poser cinq minutes ni récupérer en vue de la course suivante.

1

Cette victoire est importante pour notre groupe, c'est la première depuis mars 2017. À titre personnel, j'ai l'impression d'avoir retrouvé mon rôle sportif au sein de l'équipe, mais aussi celui de grand frère, de capitaine de route. Le respect pour moi, qui s'était d'une certaine manière atténué l'an dernier, est revenu. Je ne me suis jamais senti remis en cause en tant qu'homme mais l'athlète, lui, ne jouissait plus de la même considération. L'estime par rapport aux résultats, il faut la gagner presque à chaque course. J'avais épuisé tout mon crédit la saison dernière... Je la lis à nouveau dans les yeux et les gestes de mes équipiers et c'est une sensation plaisante que de la retrouver. Comme, de mon côté, je me situe davantage dans le partage, cela précipite une alchimie précieuse entre nous. Faite de respect sans déférence, d'échange sans aigreur ni arrière-pensée. Nous vivons, ensemble, une très belle période, sur le plan humain comme sur celui de nos performances sportives qui n'ont jamais été aussi élevées, individuellement et collectivement.

La complicité qui nous lie a pris une tournure inattendue devant la caméra de *L'Équipe*, juste après la victoire. Je ne m'attendais pas à ce que Simon me tende cette perche et me permette de réciter la tirade d'Édouard Baer dans *Astérix et Obélix, Mission Cléopâtre* que je connais par cœur depuis que j'ai 14 ans. Oui, cette histoire vient de loin... En 2018, aux Jeux, pendant qu'il me massait, un kiné m'avait demandé, à je ne sais plus quel propos, s'il s'agissait d'une bonne ou d'une mauvaise situation. Je lui avais alors sorti cette réplique célèbre sans difficulté malgré sa longueur. J'avais ajouté que j'attendais depuis des années qu'un journaliste me pose cette question en zone mixte mais que cela n'arrivait jamais. Simon a un peu provoqué la chose, évidemment sans m'en avertir, je ne pouvais pas résister. Je me suis lancé...

Ce moment révèle encore que notre groupe vit bien, au-delà de la rivalité sportive qui nous anime. Nous faisons tous attention à préserver cette convivialité et c'est vraiment agréable d'évoluer dans ces conditions. Pendant la majeure partie de ma carrière, j'étais en décalage par rapport au reste de l'équipe. Je rentrais à l'hôtel le soir, régulièrement après avoir gagné, et je côtoyais des athlètes qui évoluaient moins régulièrement près des podiums. Cela m'obligeait à une forme de réserve et je me sentais forcément moins intégré au groupe. Cette année, c'est comme si nous parlions d'égal à égal, tous ensemble. C'est très agréable, même s'il y a toujours des heureux et des déçus, au moins la météo du groupe ne tourne plus exclusivement autour de moi.

J'ai choisi un sport individuel qui me correspond parfaitement, mais le collectif s'est imposé à moi et, avec le temps, j'ai appris à l'apprécier ; et encore plus depuis les Jeux de PyeongChang. Pourtant, au départ, je ne voulais pas de ce rôle de porte-drapeau. Je pensais à la malédiction qui frappait ceux qui osaient se placer devant le reste de la troupe pendant la cérémonie d'ouverture. Je ne voyais que l'énergie que j'allais laisser sur le stade à la veille d'aller chercher de l'or face à la meute des prétendants. De manière égoïste, je me demandais : « Qu'est-ce que cela va m'apporter ? » J'envisageais la chose comme une contrainte, un fardeau à porter. J'ai accepté par devoir, même si je mesurais bien l'honneur qui m'était dévolu et que j'en étais fier. Je savais bien que c'était à moi de le faire. Mais sans jamais en avoir rêvé. En réalité, c'est en vivant cette aventure que j'ai compris l'essentiel. Certes, j'avais donné un peu, mais j'avais surtout reçu beaucoup. De la part de l'équipe, des supporters. Jusque-là, le groupe, c'est moi qui le poussais, avec le staff. Aux Jeux, le collectif m'a aussi porté et c'était une magnifique découverte. J'ai pleinement ressenti et apprécié qu'une aventure au départ individuelle puisse s'élargir aux autres athlètes, aux fans, à ton pays. Et qu'il s'agissait alors d'un échange d'énergies positives.

La poursuite, livrée comme un *mano a mano* avec Quentin, a constitué aussi une superbe expérience. Riche et agréable à vivre, même si elle s'est déroulée dans la difficulté. En arrivant à 13 heures au stade, j'étais claqué. Épuisé physiquement et mentalement. J'avais dormi toute la matinée sans avoir pour autant récupéré. Je me sentais mou. J'ai perçu le danger et je me suis dit : « Tu as une heure et demie à partir de maintenant durant laquelle tu vas devoir être

> **NOUS NE NOUS SOMMES PAS BLUFFÉS, NOUS AVONS TOUT DONNÉ. LOYALEMENT**

hyper vigilant ; après cela, tu pourras te reposer pendant quatre jours. » Je me suis mis dans un tunnel de concentration et dès que je sentais revenir la fatigue ou la baisse d'attention, je me remettais le compte à rebours en tête. C'est même arrivé pendant la course. À la fin du quatrième tour, j'ai pensé très fort : « Reste concentré une dernière fois pendant ce tir et après tu pourras relâcher », comme si je me promettais le repos en récompense d'un 20/20. J'ai tenu sur ce mode-là. En me forçant un peu, en me proposant une carotte, la promesse d'un soulagement tout proche.

Quentin et moi avons bien travaillé. Ensemble. J'ai pris le premier tour à mon compte, sur les deux suivants nous nous sommes parfaitement relayés. Ensuite, c'était à moi de prendre mes responsabilités et d'assumer, sur le quatrième tour, le dernier tir. Énoncé ainsi, cela paraît simple, mais je suis bien content de l'avoir réalisé sans accroc. Avec le succès au bout de l'effort. Quentin et moi avons tiré parti de notre stratégie. Nos intérêts convergeaient et si nous avions joué au plus malin, si nous nous étions regardés au lieu de collaborer pour creuser l'écart avec les autres, la course aurait pu être totalement différente. Quentin n'aurait peut-être pas pu conserver sa place sur le podium. Rien ne garantit que j'aurais moi-même terminé en vainqueur… Nous ne nous sommes pas bluffés, nous avons tout donné. Loyalement. J'étais un peu mieux que lui sur les skis, ce qui m'a permis de travailler sans appréhension.

Pourtant, si je me base sur mes sensations depuis janvier, sur ce que j'ai été capable de produire dans les moments les plus favorables, j'estime qu'il me manque encore un petit peu d'impact à skis. Sur l'attitude, j'ai vécu deux très belles semaines, j'ai retrouvé mes capacités de lucidité, de maîtrise de mon sport. Je n'ai pas encore ressenti l'impression qui m'a habité durant plusieurs années, ce sentiment d'impunité qui me permettait de rattraper même de grosses erreurs. Dans ces moments, c'était comme si j'étais systématiquement « pardonné ». Aujourd'hui, je sens bien que je n'ai plus cette faculté, ce « totem d'immunité ».

Je suppose qu'il demeure encore dans mon corps comme un résidu de la fatigue de l'an dernier qui m'empêche d'être aussi souverain qu'avant sur les skis. Est-ce que la prochaine coupure me permettra de l'évacuer pour retrouver ma forme optimale et de meilleures performances sur la piste ? Je n'ai pas la réponse. Je sais en revanche qu'avec mon niveau actuel, je suis capable de gagner sur presque toutes les compétitions. À moi de bien jouer avec ces cartes-là plutôt que m'accrocher à un souvenir et d'espérer une hypothétique embellie.

Je suis dans une dynamique intéressante qui me permet de prendre du plaisir et de gagner. Je me contrains à ne pas trop me poser la question : « Est-ce que j'étais plus fort avant ? » J'ai, bien sûr, une petite idée de réponse, mais j'ai aussi la volonté de ne pas y penser, ce serait le meilleur moyen de mettre du négatif là où il ne me faut chercher que du positif. Je me sens fort mentalement. Je mesure toute la difficulté de maintenir le niveau de performance que j'ai atteint depuis le début de l'année. Je n'ai pas le droit à l'erreur, je dois être à mon maximum pour avoir l'espoir de l'emporter.

Je me suis remémoré, après la poursuite, une conversation que j'avais eue avec Hélène, ma compagne, quelques semaines avant les Jeux de Pyeong-Chang. Johannes avait réussi un début de saison tonitruant. Nous étions à la bagarre tous les deux et, si je demeurais en tête du classement de la Coupe du monde, je ne disposais que d'une mince marge, peut-être cinq ou six points. J'expliquais à Hélène comme il m'était devenu ardu de gagner, que je devais rester à 100 % de mes capacités en permanence pour conserver mon dossard jaune et elle m'avait répondu avec le naturel qui est le sien : « Mais c'est super, non ? C'est ça qui est bon… » Elle avait raison. Elle a toujours raison. C'est exactement la même chose en ce moment. Le combat est rude, intense, exigeant et son issue est incertaine. Et c'est très bien ainsi. C'est dans les courses les plus serrées que l'on prend plus de plaisir. Les victoires les plus difficiles offrent davantage de fierté. Alors oui, la fin de saison va être dure ; certes, je dispose d'une petite avance au général mais il me faudra être irréprochable sur toutes les courses pour la conserver. C'est ce qui me rend heureux d'en être là, le soir, quand je rentre dans ma chambre d'hôtel.

Je n'ai jamais souffert du décalage entre la façon dont je vivais mes victoires et celle dont de nombreux suiveurs, et en particulier les médias, évaluaient mes performances. Si certains ont estimé parfois que c'était trop facile, j'ai toujours possédé une conscience aiguë des efforts que je devais fournir pour l'emporter. Ce qui a été frustrant à de nombreuses reprises, ce sont les « ouais, bof », les « Fourcade encore battu » quand je me classais 3e ou 4e à l'issue d'une belle course durant laquelle j'avais fait de mon mieux. Ça, c'était frustrant. Je pensais : « Ils ne se rendent plus compte… » De ce point de vue-là, la saison dernière a fait du bien à tout le monde. À tout le monde sauf à moi. Encore que… ce que je vis en ce moment n'aurait pas la même saveur si je sortais d'une saison pleine et victorieuse. Ce qui m'arrive paraît d'ailleurs un peu irréel, je totalise 98 % de réussite au tir en 2020 et je connais trop mon sport pour croire que cela va durer. Mon niveau véritable se situe entre mes performances du mois de décembre et celles de ce début janvier. Même au meilleur de ma forme sur les skis, au plus fort de ma domination du biathlon mondial, quatre victoires d'affilée sans bénéficier d'un double enchaînement sprint-poursuite, cela ne m'était peut-être jamais arrivé.

Il y a forcément une part de réussite pour expliquer mon 98/100 au tir depuis le début d'année. Une balle cordon (sur le bord de la cible), c'est moins d'un millimètre entre le succès et l'échec. Il s'agit simplement de physique. Si la cible a été blanchie, c'est que la balle était dedans. Il n'y a pas de hasard. Un cordon, ça n'est jamais de la chance. C'est un millimètre. Du bon ou du mauvais côté, rentrant ou sortant… Pour moi, il était rentrant lors de ma troisième balle sur le premier tir couché de la mass start. En décembre, mes cordons sortaient ; en janvier, ils rentrent. Pourquoi ? Sans doute parce que j'ai réussi à me libérer du joug de Johannes, parce que la réussite appelle la réussite, que le site de Ruhpolding me convient bien et que le chahut météo d'Oberhof ne me laissait d'autre choix que de m'obliger à une vigilance et à une concentration maximales. Parce que j'ai bien travaillé à Noël, porté par la frustration de décembre… Que je parviens, grâce à ce travail, à exploiter 100 % de mon potentiel au tir. Alors oui, il y a toujours une petite part d'irrationnel. Un moment d'euphorie comme il en arrive parfois sur le plan physique, quand tu as l'impression de piloter un dragster sur le plat et de voler dans les bosses, alors que ta préparation n'a pas différé par rapport à l'année d'avant où tu traînais de gros boulets sur toutes les pistes. Si tout était totalement rationnel, la compétition perdrait beaucoup de son attrait. On ressortirait sans cesse les mêmes recettes, on appliquerait indéfiniment les mêmes stratégies et, à la fin, ce serait toujours le même qui gagnerait.

Que Johannes soit là ou non ne change pas grand-chose pour moi. Bien sûr, j'aurais préféré gagner avec lui dans la course, mais le plaisir que m'a procuré la victoire à Östersund où je l'ai battu n'était pas supérieur à celui de mes quatre dernières victoires. Les questions incessantes que l'on me pose sur lui ne me dérangent pas. En revanche, ce qui m'agace davantage, c'est le grand bluff auquel se livrent les Norvégiens sur la durée de son absence et la date de son retour. On a su que son enfant était né cinq jours après l'accouchement, un journaliste français ayant appris l'information par des confrères norvégiens a sorti « le scoop » et il s'est fait enguirlander comme s'il avait porté atteinte à la sûreté nationale. Quand tu veux maîtriser une communication, tu la gères toi-même. Ils auraient pu agir avec un peu plus de simplicité. Après tout, il s'agit d'une belle nouvelle, qui ne devrait pas donner lieu à tant de secrets. Quant à la date de retour de Johannes, ce n'était pas non plus le plus grand mystère de l'univers. Dès le début, je pensais qu'il serait là pour Pokljuka. Il sera là et cela ne change rien pour moi. Ce qui m'importe, c'est seulement de savoir s'il me reste suffisamment d'énergie pour me faire plaisir pendant cette étape slovène.

CLASSEMENT GÉNÉRAL DE LA COUPE DU MONDE

(11/24)

1 : Martin Fourcade 507 pts

2 : Quentin Fillon Maillet 436 pts

3 : Simon Desthieux 435 pts

...

6 : Émilien Jacquelin 380 pts

17 : Fabien Claude 214 pts

28 : Antonin Guigonnat 123 pts

POKLJUKA (SLOVÉNIE)

POKLJUKA (SLOVÉNIE)

vendredi 24 janvier 2020

CLASSEMENT DU 20 KM INDIVIDUEL (jeudi 23 janvier)

1 : Johannes Boe 47'54"3 (0+0+0+0)

2 : Martin Fourcade +11"4 (0+0+0+0)

3 : Fabien Claude +25"6 (0+0+0+0)

4 : Philipp Nawrath +36"7 (0+0+0+0)

5 : Johannes Dale +1'02"4 (0+1+0+0)

...

7 : Quentin Fillon Maillet +1'28"5 (0+1+0+1)

11 : Antonin Guigonnat +2'17"3 (0+0+1+0)

21 : Simon Desthieux +3'26"1 (0+1+1+1)

32 : Émilien Jacquelin +4'40"0 (2+0+1+0)

Mercredi soir, à la veille de la première course ici, Vincent, le visage grave, est venu chercher Fabien à table pour avoir avec lui une discussion en aparté. Il lui a appris que son papa était porté disparu à la suite d'un accident de motoneige au Canada, où il a l'habitude de se rendre tous les hivers depuis vingt ans. Selon les premiers éléments, il traversait une étendue d'eau gelée avec une dizaine d'amis et la glace aurait cédé. Bien qu'aucun corps n'ait pour l'instant été retrouvé, les chances de survie sont très minces. La nouvelle s'est abattue sur Fabien et son frère Florent, qui court pour l'équipe de Belgique et logeait dans le même hôtel que nous. Florent a logiquement accusé le coup. Fabien a mis plus de temps à réaliser. Il devait décider s'il restait pour courir l'individuel, à la mémoire de son papa, ou s'il valait mieux qu'il rentre tout de suite à la maison pour soutenir sa maman. Vincent a pris la parole pour l'assurer de son soutien et de celui de toute l'équipe quelle que soit sa décision. En voyant Fabien solide comme un roc, je lui ai, moi aussi, dit quelques mots : « Fabien, tu n'as rien à nous prouver, on sait que tu es costaud. Tu as le droit de lâcher prise, c'est humain. On n'est pas des machines, quelle que soit ta décision, on connaît ta force et ta valeur. »

La course n'est pas dissociable de ce drame. La performance grandiose de Fabien – premier 20/20 et premier podium en Coupe du monde – a souligné son talent, sa force de caractère. Elle raconte aussi à quel point l'homme dispose de facultés mentales puissantes, d'une capacité à aller chercher au plus profond de lui des ressources insoupçonnées.

Ce que nous avons vécu ensemble relègue très loin le petit passage à vide que j'ai eu à la sortie du deuxième tir. Mon ski droit accroche une plaque de glace ou un bourrelet, je ne sais pas exactement. Ma chute idiote me fait perdre une dizaine de secondes. Nous commettons tous de petites erreurs, celle-ci a lieu au mauvais endroit, au mauvais moment. L'issue de la course se décide là-dessus. C'est ainsi, cela ne sert à rien d'épiloguer. Je ne peux pas être déçu. J'ai donné tout ce que j'avais, Johannes aussi. Je skie à peine plus vite que lui, il tire à peine plus vite que moi et nous réalisons un 20/20 tous les deux. Il faut un vainqueur et, cette fois, c'était lui. Ce fut une belle bataille et j'ai conscience que le duel que nous nous livrons produit un joli moment de sport, en particulier à l'occasion de cette course tant attendue qui signait nos retrouvailles. Dans l'histoire, je perds six points sur lui au classement général, mais cela importe peu. L'émotion demeure attachée à ce que nous avons vécu avec Fabien et Florent.

POKLJUKA (SLOVÉNIE)

dimanche 26 janvier 2020

CLASSEMENT DU 15 KM MASS START (dimanche 26 janvier)

1 : Quentin Fillon Maillet 36'21"5 (0+0+1+0)

2 : Benedikt Doll +10"0 (0+1+0+0)

3 : Johannes Boe +10"3 (1+0+0+1)

4 : Vetle Christiansen +10"6 (0+0+0+1)

5 : Martin Fourcade +10"8 (0+0+1+0)

...

17 : Simon Desthieux +1'36"6 (0+3+0+1)

22 : Antonin Guigonnat +2'00"4 (1+1+0+1)

25 : Émilien Jacquelin +2'27"4 (2+1+2+0)

J'ai manqué de ressources physiques pour être en mesure de disputer la victoire. J'ai nettement senti mes batteries se vider par rapport au week-end précédent où la fatigue était certes bien présente mais quand mon corps disposait encore de modestes réserves. Si j'ai réussi à prendre du plaisir pendant l'individuelle jeudi malgré les conditions émotionnelles compliquées, j'ai surtout éprouvé de la difficulté sur cette mass start. C'était dur. Au premier tour, lorsque Johannes commet une faute, dans ma position, je me dois de durcir la course pour ne pas le laisser revenir facilement. Même si, stratégiquement, compte tenu de ma forme, cela risquait d'hypothéquer ma fin de course. J'ai eu la chance de bénéficier de la présence de Simon et Quentin qui m'ont aidé à augmenter le rythme. En me mettant à la faute sur le premier tir debout, j'ai dû m'imposer un surrégime sur le quatrième tour pour essayer de rattraper mon retard sur la tête. La course a donc été très linéaire dans un effort intense, je sentais que Quentin était plus frais que moi, notamment sur la seconde partie du parcours, la plus montante. Sur le dernier tir, avec une faute, Johannes et Vetle ont ouvert la porte mais sans craquer complètement. Quentin a tiré six secondes plus vite que moi et je n'avais pas les moyens de combler cet écart à skis. Derrière moi, à dix secondes, Johannes, Doll et Christiansen se sont relayés. Ils m'avaient en point de mire et à trois contre un, il était ardu, ai-je estimé, de résister… Sur la base de ce constat, j'ai commis une erreur stratégique en gardant un peu d'énergie pour le sprint, alors que j'aurais mieux fait de tout donner pour les empêcher de me rattraper. Au moment d'aborder la dernière ligne droite, je me suis un peu accroché avec Johannes, ce qui a permis à Vetle de me reprendre deux ou trois mètres. Ensuite, au sprint, il est simplement plus fort que moi.

Je sais que les troisièmes semaines me réussissent moins que les précédentes. Cela ne m'a pas toujours empêché de réaliser de très belles courses et j'essaie donc de ne jamais y penser pour ne pas ajouter un relâchement mental à la fatigue physique. Sur cette mass start, je réussis un 19/20 et le 4e temps de ski mais je termine seulement 5e. Quand ça ne veut pas sourire, ça ne sourit pas… Avec la même performance, si les caractéristiques de la course sont un peu différentes, je peux jouer la gagne. Dans ma situation, chaque compétition revêt un double enjeu : la course elle-même et le maillot jaune de leader de la Coupe du monde. Je me bats pour ce dossard et j'estime l'avoir bien défendu, en dépit de la fatigue et des événements dramatiques qui nous ont tous marqués.

Je suis très heureux de ce début d'année qui m'a permis d'optimiser mon potentiel. Je cumule 97,5 % de réussite au tir – j'ai atteint les cibles 117 fois pour 120 balles lâchées. C'est un bilan relativement exceptionnel. On en souriait tout à l'heure à l'aéroport avec Émilien qui me disait : « J'ai raté une balle de plus que toi sur ma course d'aujourd'hui, sauf que toi, c'est sur tout le mois de janvier… » Mes statistiques sont un peu irréelles mais je vais essayer de conserver la même

JE ME BATS POUR CE DOSSARD ET J'ESTIME L'AVOIR BIEN DÉFENDU, EN DÉPIT DE LA FATIGUE ET DES ÉVÉNEMENTS DRAMATIQUES QUI NOUS ONT TOUS MARQUÉS

démarche, bien concentré sur ce que j'ai à faire. Je possède le niveau pour mettre cela en place mais il s'agit de sport, une activité où l'on ne maîtrise jamais tous les éléments et encore moins l'adversité. Nous sommes parvenus à la moitié de la saison, la suite va nous offrir un beau combat pour le classement général. Nous sommes aujourd'hui une bonne douzaine à pouvoir gagner sur chaque épreuve, dont trois gros favoris : Quentin, Johannes et moi. Si l'un de ces trois-là ouvre la porte, des garçons comme Simon, comme Émilien ou, chez les Norvégiens, Bjoentegaard, Tarjei Boe et Christiansen peuvent s'engouffrer. *Idem* avec les Allemands Peiffer ou Doll. Ou les Russes. Tous ces athlètes sont capables de jouer la gagne sans que des conditions particulières ne viennent « fausser » la course.

Tout le monde dans l'équipe a envie de rentrer à la maison, moi le premier. À l'exception de cette mass start, je suis monté sur le podium à chaque course que j'ai disputée depuis le début de l'année. Cela rallonge les horaires de travail, avec les cérémonies protocolaires, les contrôles antidopage, les conférences de presse ; cet enchaînement augmente encore la tension inhérente à la compétition et accentue ma sensation de fatigue.

LES CARTOUCHES PHYSIQUES ÉCONOMISÉES ME SERONT PEUT-ÊTRE UTILES EN FIN DE SAISON

J'ai souhaité me préserver un peu et c'est dans une stratégie à moyen terme que j'ai préféré ne pas être aligné hier sur le relais mixte. Si j'avais raisonné sur le strict court terme, j'aurais choisi de garder le rythme en le disputant pour que mon corps demeure mobilisé en prévision de la mass start. Ceux qui ont pris cette option en ont tiré les bénéfices en course tout à l'heure. Pour ma part, j'ai préféré ne pas compromettre l'avenir. Je n'avais pas envie de tomber malade lundi au moment de décompresser. C'est le risque lorsque l'on demande trop à son corps quand il commence à envoyer des signaux d'alerte pour réclamer du repos. L'expérience me permet de croire que les cartouches physiques économisées me seront peut-être très utiles en fin de saison.

CLASSEMENT GÉNÉRAL DE LA COUPE DU MONDE

(13/24)

1 : Martin Fourcade 601 pts

2 : Quentin Fillon Maillet 532 pts

3 : Johannes Boe 482 pts

4 : Simon Desthieux 479 pts

...

6 : Émilien Jacquelin 401 pts

16 : Fabien Claude 262 pts

25 : Antonin Guigonnat 171 pts

somfy

VILLARD-DE-LANS

VILLARD-DE-LANS

mardi 28 janvier 2020

Je suis rentré dimanche soir, très tard, les filles dormaient déjà… À Ruhpolding, j'ai gagné un renard en peluche – la mascotte de l'étape – que j'ai promis de rapporter à Inès. La semaine dernière, à Pokljuka, c'est devenu le fil conducteur de nos conversations en visio. Elle n'arrêtait pas de me demander : « Tu me montres le renard ? » En arrivant à la maison, je l'ai posé à côté d'elle, dans son lit. Elle l'a vu en se réveillant, a compris que j'étais là et elle a déboulé dans la chambre en criant : « Papa ! Papa ! » Cela m'a procuré un bonheur tout simple…

C'est toujours l'euphorie la première journée quand je reviens. Puis, très vite, le cours normal de notre existence familiale reprend naturellement, et j'aime ça. Hier, je suis allé accompagner Manon au cinéma avec sa classe, voir un film d'animation tchèque. Ce matin, je l'ai emmenée à l'école en compagnie d'Inès. La vraie vie, quoi… Cela fait du bien de revenir à la maison !

À Pokljuka, le temps m'a paru un peu long sur la fin. J'étais épuisé. J'ai trois jours devant moi pour récupérer, une seule séance légère est prévue. Ensuite, je reprendrai le même programme qu'à Noël : une période de gros volume, deux jours de repos et quelques intensités avant d'attaquer les Mondiaux par le relais mixte que j'aurai la chance de disputer avec Quentin et deux filles qui ne sont pas encore choisies par l'encadrement. À mon avis, Julia Simon tient la corde, elle est solide au tir. Pour l'accompagner, cela devrait se jouer entre Justine Braisaz – la plus performante à skis, mais moins régulière au tir – et Anaïs (Bescond) qui sort d'une superbe semaine slovène.

Je vais profiter du temps passé en famille, jouer avec mes filles, discuter avec Hélène. Nos conversations sont toujours très éclairantes pour moi. Même si, parfois, je préférerais éluder certains sujets… Ce fut le cas hier soir, quand elle m'a demandé si j'avais pris ma décision concernant la suite de ma carrière. Il ne s'agissait nullement de me mettre la pression, elle m'a seulement dit : « Nous sommes à un mois et demi de la fin de la saison et tu ne m'as toujours pas dit ce que tu comptais faire… »

Je n'ai aucune envie d'en parler, d'ouvrir la boîte de cette réflexion lourde si près du début des Mondiaux. Le sujet me rend nerveux, je ne veux pas me projeter au-delà de la plus grosse échéance de la saison. Arrêter ou continuer, je ne veux simplement pas y penser.

Maman m'a aussi posé la question pour éventuellement prendre ses dispositions afin d'assister aux finales en mars à Oslo – et donc peut-être à mes dernières courses. Je ne lui ai pas répondu non plus mais cela m'a remis en mémoire

« NOUS SOMMES
À UN MOIS ET DEMI DE LA FIN
DE LA SAISON ET TU NE M'AS
TOUJOURS PAS DIT
CE QUE TU COMPTAIS FAIRE… »

la fin de saison dernière, quand Simon, mon frère aîné, hésitait à prendre sa retraite et semblait ne pas être capable d'assumer une décision ferme et définitive. La veille de sa dernière course, je ne savais pas moi-même s'il allait arrêter ; en tout cas, il ne m'en avait rien dit. Il n'avait jamais été clair dans son discours, il laissait seulement entendre des choses sans jamais les valider. Je trouvais ce comportement très étrange. Je ne comprenais pas qu'il n'énonce pas clairement son intention, d'autant que le moment paraissait opportun pour le dire et le faire. Je pensais : « Mais enfin, vas-y, dis-nous ! » Cela me paraissait incompréhensible qu'il n'annonce rien.

Aujourd'hui, je me rends compte que j'agis exactement comme lui ! Je crois qu'au fond, quelles que soient les circonstances d'une fin de carrière, qu'elle soit voulue ou imposée, il demeure une part de tristesse, une forme de deuil attachées à cet événement intime. Et trop d'éléments entrent en ligne de compte pour que la décision et son annonce soient fluides et aisées.

Durant le mois de janvier, il est arrivé à de nombreuses reprises que je me dise : « Allez, je repars pour deux ans ! » Mais durant la même période, j'ai pensé au moins autant de fois être arrivé à la fin d'une belle aventure, que cette saison, avec les bons résultats que j'obtiens, me permet de sortir la tête haute, plus apaisé… J'aurais souffert de partir sur le déclin, contraint et forcé, largement dépassé par la concurrence, comme cela aurait été le cas si j'avais dit « stop » en fin de saison dernière. Cela ne sera de toute façon plus le cas si je décide de finir à Oslo…

adidas

VILLARD-DE-LANS

mardi 4 février 2020

La phase de volume que j'ai effectuée la semaine dernière m'a parue moins lourde qu'à Noël alors qu'il s'agissait, à une journée près, de la même chose. Cependant, l'après-midi, je ne retournais pas skier, préférant, pour des raisons pratiques dues au manque de neige, courir, faire du vélo ou de la musculation pendant quatre-vingt-dix minutes. Il n'y avait que sur le plateau de Gève, à Autrans, que nous pouvions chausser les skis et il n'était pas pertinent de perdre une heure chaque jour pour faire deux allers-retours. J'y allais donc le matin, tourner pendant deux heures et demie avec des arrêts au stand de tir et l'après-midi, je restais à Villard. Il n'y a eu qu'une seule journée vraiment difficile, à cause de la pluie. Avec Émilien, nous avons été rincés sur la piste pendant toute la séance. Sur la partie montante, cela allait encore, mais quand nous sommes redescendus du sommet, nous étions gelés et il nous restait encore trente minutes à tourner… C'est aussi le genre de situation qui peut compromettre une fin de saison, avec le risque de tomber malade si on oublie de mettre du linge sec dans le sac afin de pouvoir se changer immédiatement.

J'ai ensuite profité d'une journée de repos, au terme de ce bloc de cinq jours de travail, pour participer à la semaine olympique et paralympique en allant rencontrer des enfants dans leur classe ; c'était vraiment sympa. Les petits étaient tous très sportifs, très intéressés et encore plus par mes médailles que je leur avais apportées. Ça marche toujours les breloques, avec les enfants comme avec les adultes ! Cet intermède m'a fait du bien. J'avais vraiment envie et besoin de rentrer, de retrouver la vie normale et de passer du temps à la maison avec mes filles. La grande, Manon, a demandé à Hélène : « Pourquoi Johannes ne vient pas habiter à Villard-de-Lans ? Comme ça, il pourrait faire la course avec papa ici, et papa n'aurait pas besoin de partir… » Ça m'a fait rire sur le coup, mais c'est aussi à ce genre de réflexion que je mesure le sacrifice des miens, ou plutôt des miennes. Ma carrière de sportif de haut niveau, elles la subissent un peu. Deux ou trois jours avant de repartir, je prépare le terrain auprès des filles pour que mon départ ne les prenne pas par surprise.

POURQUOI JOHANNES NE VIENT PAS HABITER À VILLARD ? IL POURRAIT FAIRE LA COURSE AVEC PAPA ICI…

Cela passe par de petits rappels au quotidien, quand elles réclament Hélène à l'heure du coucher et que c'est moi qui vais les border ou leur lire une histoire. Je leur explique que j'en profite doublement car la semaine suivante je ne serai pas là, qu'elles auront leur maman rien que pour elles… Pour l'instant, il n'y a pas de gros moments de tristesse quand je pars, même si Inès me fait sentir que ça ne lui plaît pas trop. C'est parfois plus compliqué quand je suis en déplacement. Hélène m'a appelé après la poursuite de Ruhpolding, je m'apprêtais à partager ma joie, tout heureux de ma victoire, mais Manon était en larmes et m'expliquait que je lui manquais trop, qu'elle voulait que je rentre vite… Ceux d'entre vous qui ont des enfants mesurent bien à quel point ça brise le cœur d'un parent.

×

BIONAZ (ITALIE)

BIONAZ (ITALIE)

jeudi 6 février 2020

Nous sommes arrivés hier dans ce magnifique coin du Val d'Aoste, où vivent Patrick Favre, notre entraîneur du tir, et son frère Christian, mon technicien skis. Nous sommes au fond d'une petite vallée, tranquilles ; le village, minuscule, presque un hameau, est niché à 1600 mètres d'altitude et dispose d'un stade superbe. Patrick possède ici un restaurant où nous prenons tous nos repas, à deux pas de notre hôtel. C'est un régal à tous points de vue !

JE ME SENS BIEN, EN FORME, HEUREUX

J'étais venu ici en 2014 pour préparer les Jeux de Sotchi, je suis revenu ensuite à plusieurs reprises, j'y ai des repères et d'excellents souvenirs. Je me sens bien, en forme, heureux. Ça se passe parfaitement au niveau du tir, comme c'est le cas depuis quelques semaines. Je reste dans la même dynamique qu'en janvier et je m'astreins à poursuivre le travail qualitatif effectué à Noël en veillant bien à ne pas me laisser endormir par cette réussite un peu euphorisante. Il faut rester vigilant, il suffirait que la première erreur intervienne sur le sprint des championnats du monde pour tout gâcher. Voilà l'état d'esprit du moment…

somfy
2
1

Aujourd'hui, nous avons effectué deux séances tranquilles avec une heure quarante-cinq de ski ce matin et une heure cet après-midi, mais cette fois en style classique pour ne pas toujours solliciter les mêmes groupes musculaires. L'idée consiste à s'acclimater à l'altitude sans créer de fatigue – le gros du boulot a été effectué la semaine dernière – et de monter en intensité jusqu'au démarrage de la compétition, jeudi, avec le relais mixte que nous disputerons, Quentin et moi, associés à Julia et Justine. Demain, nous avons programmé une séance d'intervalles avec des séquences alternant une minute à bloc suivie d'une minute de repos. Samedi, nous aurons à nouveau une journée de transition douce et, dimanche, un chrono pour s'étalonner avant de rejoindre Antholz lundi.

✕

ANTHOLZ (ITALIE)

ANTHOLZ (ITALIE)

mercredi 12 février 2020

Nous sommes logés à l'hôtel Alpenresidenz, à cinq minutes du stade d'Antерselva, où vont démarrer, après-demain, les championnats du monde. C'est un établissement très luxueux, perdu dans la montagne, à trois kilomètres à peine du bout de la vallée. Un très bel endroit. La semaine passée je partageais une chambre avec Quentin, cette fois je suis avec Émilien. On a changé de piaule après la première nuit, celle qui nous était attribuée donnait juste au-dessus de la réception et nous entendions du bruit à partir de 6 heures du matin. Sur la durée des Mondiaux, ça n'allait pas être possible… Il y a un spa et une piscine couverte mais je n'ai pas prévu d'en profiter. Aller se baigner, c'est quand même le meilleur moyen d'attraper froid et de tomber malade. J'aime autant l'éviter. Nous passons notre temps à chercher une bonne connexion internet, ce qui en dit long sur notre addiction aux réseaux sociaux et autres moyens de communication modernes. Le pire, c'est que je me rends compte que nous y consacrons encore plus de temps quand le wi-fi fonctionne au ralenti, alors que nous devrions plutôt en profiter pour déconnecter.

Voilà comment je m'occupe, entre deux entraînements, les massages, les repas et les réunions d'équipe. J'en ai d'ailleurs une dans cinq minutes pour évoquer le relais mixte. Il s'agira surtout pour moi de prendre les informations les plus simples : les horaires de réglage, de départ, de tests de skis, etc. Le staff peut aussi se servir de ces moments pour motiver les troupes même si nous sommes loin d'une causerie d'avant-match de rugbymen. Cet aspect-là colle moins à la mentalité de Vincent qu'à celle, au hasard, de Sieg (Siegfried Mazet, mon ancien entraîneur de tir, recruté par la Norvège en 2016). Lui aimait bien ça, le côté « on va les bouffer ». Vincent se situe plutôt dans la mesure et les points techniques. C'est une approche nouvelle pour nous depuis son arrivée. Elle est très instructive. Après tout, on ne doit pas entrer sur le terrain cinq minutes après avec une quinzaine d'Anglais à découper ! Nous, ça serait plutôt des Norvégiens et, comme nous sommes tous logés dans le même hôtel, pas besoin de piqûre de rappel pour savoir que nous les affronterons à chaque course.

On les croise régulièrement, dans les couloirs ou en salle de sport quand on va faire du vélo. Nous discutons un peu en passant, nos relations sont cordiales mais nous nous posons rarement ensemble puisque nos salles de vie et de repas sont dissociées. Nous partageons le même buffet pour les entrées mais cela ne provoque pas de pugilat ! Il y a suffisamment à manger pour tout le monde et, puisque nous sommes en Italie, tout est délicieux et abondant. Le seul hic, c'est que les plats nous sont servis à l'assiette et que cela prend plus de temps mais j'aurais mauvaise grâce de me plaindre. Les conditions sont optimales et puis c'est tellement beau tout autour de nous dès que nous mettons le nez dehors… Ici, c'est un cliché parfait de la montagne en hiver. Tout est blanc, éclatant, le ciel brille d'un bleu intense et la lumière d'hiver rayonne, faisant scintiller le paysage. C'est magnifique, à perte de vue. De la poudreuse partout. Enfin !

C'est la septième étape de la saison, la première qui nous permet de skier sur de la neige naturelle. Si nous n'avions pas disposé de neige de culture lors de toutes les courses précédentes, la Coupe du monde n'aurait pas encore pu démarrer… Cela pose question sur l'avenir de notre sport, sur l'adaptation au réchauffement climatique et plus encore sur nos modes de vie qui nous y ont conduits. Vu d'ici, le problème paraît abstrait. Il a encore neigé 20 centimètres hier, aujourd'hui il fait grand beau et on prévoit la foule des grands jours. 165 000 tickets d'entrée ont été vendus sur l'ensemble des épreuves ! Ces Mondiaux vont être grandioses. À moi de m'en rapporter de bons souvenirs.

Pour l'heure, tout va bien. Je suis serein tout en sachant que la concurrence sera plus forte que jamais. Tout le monde s'est préparé spécifiquement pour ce rendez-vous. Je vais devoir encore hausser mon niveau, tirer plus vite et toujours sans faute, skier à fond et établir les bonnes stratégies de course… Pour l'instant, mes sensations ne sont pas extraordinaires mais c'est probablement le cas pour tous mes adversaires. C'est logique à ce stade de la préparation et surtout à cette altitude – autour de 1 600 mètres. Ajoutez à cela la neige fraîche qui ne permet pas de créer de la vitesse et vous obtiendrez le panorama complet.

Demain, on attaque avec le relais mixte. J'ai hâte d'y être, de me jauger, de monter en puissance et, surtout, de me décrasser en vue du sprint.

CES MONDIAUX
VONT ÊTRE GRANDIOSES.
À MOI DE M'EN RAPPORTER
DE BONS SOUVENIRS

ANTHOLZ (ITALIE)

samedi 15 février 2020

CHAMPIONNAT DU MONDE

CLASSEMENT DU 10 KM SPRINT (samedi 15 février)

1 : Alexander Loginov 22'48"1 (0+0)

2 : Quentin Fillon Maillet +6"5 (1+0)

3 : Martin Fourcade +19"5 (0+0)

4 : Tarjei Boe +22"5 (0+0)

5 : Johannes Boe +23"9 (1+0)

6 : Émilien Jacquelin +29"8 (0+1)

...

18 : Simon Desthieux +1'19"4 (0+2)

Il est 22 heures passées, je vais aller dormir, je sors tout juste de chez le kiné. Il a passé un long moment à me masser. J'ai les fessiers un peu douloureux… J'ai vécu une belle journée, couru un bon sprint disputé dans des conditions parfaites pour tout le monde. Je suis très heureux de cette médaille de bronze, et je l'apprécie d'autant plus que j'ai passé un long moment à craindre de me faire éjecter du podium à partir du moment où Loginov a réussi à se placer devant Quentin et moi. J'ai donné tout ce que j'avais sur la piste, je n'étais pas assez rapide sur les skis pour être en mesure de concurrencer Quentin qui avait, malgré tout, ouvert la porte avec son erreur au tir. Loginov était, lui, injouable aujourd'hui en tirant comme moi à 10 sur 10 mais bien plus rapidement. Il était meilleur donc pas de regret. Je suis heureux d'être de retour, dès la première course, sur le podium mondial. Cela ne m'est pas arrivé à chaque fois, loin de là. L'année dernière, par exemple, avec la même réussite au tir, je terminais sixième. Je sens bien la différence entre les deux, tant au niveau de mes sensations sur les skis que de la satisfaction une fois la ligne d'arrivée franchie !

L'actualité récente a un peu terni l'ambiance sportive. Hier, la Biathlon Integrity Unit et le Fédération internationale ont publié un communiqué mettant en cause les performances passées d'Evgeny Ustyugov et de Svetlana Sleptsova, contrôlés positifs *a posteriori*. Cette concomitance n'était pas très heureuse et j'ai retrouvé, pendant la conférence de presse, le mauvais goût des Mondiaux de 2017 à Hochfilzen qui avaient été un peu gâchés par les mêmes histoires. Toujours les mêmes histoires… J'ai l'impression que nous faisons du surplace depuis que j'ai commencé ma carrière. Ce qui sort aujourd'hui, nous le savions depuis des années, on l'a vécu après Vancouver, aux Jeux de Sotchi et le problème est toujours là, les réactions sont toujours les mêmes. Les athlètes incriminés protègent un système et ça n'avance pas. Je suis susceptible de récupérer un sixième titre olympique puisque, à Vancouver, j'avais terminé deuxième de la mass start, derrière Ustyugov, qui devrait être déclassé, douze ans après. Ce cinquième titre individuel me permettrait d'égaler Ole Einar Bjoerndalen et Marit Bjoergen juste derrière l'intouchable Bjorn Dæhlie, l'athlète le plus titré des Jeux d'hiver. Ce serait une grande fierté. La sensation que cette victoire hypothétique me procure est très étrange. J'ai toujours été heureux d'avoir décroché la médaille d'argent pour mes premiers Jeux olympiques. Depuis hier, j'ai finalement l'impression de m'être fait voler l'or. Je serais très déçu de ne pas la récupérer même si, jusqu'à ce jour, je ne l'avais jamais considérée comme étant la mienne.

Cela ne changera rien à ma carrière et encore moins à ma vie. Les émotions suscitées par un titre suprême, je les ai vécues malgré ces quelques médailles volées. Mais j'ai cette chance d'avoir remporté d'autres belles courses pour ne pas avoir de regret. Je pense en revanche à tous ceux, Français ou étrangers, qui sont passés à côté d'une consécration unique parce que leurs concurrents trichaient et j'ai mal pour eux. J'espère que Quentin, n'aura pas, lui non plus, le moindre regret après sa carrière.

Les journalistes qui connaissent ma franchise ont cherché à me faire réagir. J'ai préféré, cette fois, ne pas en rajouter sur le sujet. Je ne vais pas me montrer plus bête qu'un autre et j'en ai assez de prendre des coups de bâton parce que j'exprime sans langue de bois ce que tout le monde sait. Je ne souhaite pas me polluer avec cela, je veux profiter de ces Mondiaux qui sont peut-être mes derniers. Je veux vivre à fond ces moments, les vivre positivement. Et il y a déjà énormément de jolies choses à retenir.

Des BMW aux couleurs des médailles sont venues nous chercher à l'hôtel pour nous conduire jusqu'à la place où a lieu la cérémonie protocolaire. Quentin avait donc une voiture argentée et moi j'ai pris place dans une Série 3 berline, bronze, qui m'a déposé sur la Grande Plaza des médailles, au pied du podium. L'organisation est presque aussi grandiose qu'aux Jeux olympiques. Le moment était pour moi très émouvant. J'étais ravi d'être là, de toucher ma 26e médaille mondiale. J'espère que j'en recevrai d'autres, et de plus belles encore, dans les jours qui viennent. J'ai vraiment envie d'entendre résonner *La Marseillaise*, si possible en étant accompagné par mes partenaires du relais…

Je me sens bien, heureux. Je ne suis ni dans l'euphorie ni dans l'excitation, je m'attache à vivre et à partager ces moments, comme on savoure quelque chose de rare, quelque chose que l'on ne vivra peut-être plus jamais.

À notre retour à l'hôtel, le cuisinier nous avait préparé un magnifique gâteau au chocolat avec un glaçage blanc au milieu entouré d'une bande de myrtilles à gauche et de framboises à droite pour figurer un beau drapeau français. On ne l'a pas regardé très longtemps ! Un délice.

18
odlo
Somfy

ANTHOLZ (ITALIE)

lundi 17 février 2020

CHAMPIONNATS DU MONDE

CLASSEMENT DU 12,5 KM POURSUITE (dimanche 16 février)

1 : Émilien Jacquelin 31'15"2 (0+0+0+0)

2 : Johannes Boe +0"4 (1+1+0+0)

3 : Alexander Loginov +23"9 (0+0+0+1)

4 : Martin Fourcade +46"3 (0+0+1+1)

5 : Arnd Peiffer +53"9 (1+0+0+0)

...

7 : Quentin Fillon Maillet +1'25"9 (4+0+1+1)

8 : Simon Desthieux +1'26"9 (1+0+0+0)

J'ai un petit regret sur cette poursuite : une faute sur le premier tir debout qui m'empêche de participer à la bagarre finale. Cela reste une belle course pour moi, avec un bon niveau à skis et un tir à 90 % de réussite. Mais devant moi, ils sont tous allés très vite et ils ont bien tiré.

La victoire d'Émilien a étouffé dans l'œuf ma déception. Le voir ainsi lever le bras m'a procuré une joie sincère et sans la moindre arrière-pensée. Pas une once d'aigreur, seulement du plaisir. J'étais pleinement content pour lui. J'aurais aimé être à la place de Loginov, non pas pour la médaille mais pour partager ce moment avec Émilien. La relation que j'ai avec lui est quasi fraternelle. Nous passons énormément de temps ensemble, nous vivons dans le même village, nous nous entraînons pratiquement tous les jours aux mêmes endroits. Il est facile à vivre, agréable au quotidien, ensemble, on rigole beaucoup !

J'ai connu son grand frère, Grégoire, bien avant lui. Nous faisions partie tous les deux du groupe junior du comité Dauphiné, il y a une quinzaine d'années. Leur père était le CPE (conseiller principal d'éducation) quand je suis arrivé au lycée de Villard-de-Lans. Émilien, je l'ai vu arriver comme le petit dernier de cette famille que je connaissais bien. Il a franchi les étapes une à une, de la Coupe d'Europe aux Mondiaux juniors. On se côtoyait parfois à l'occasion d'entraînements communs mais sans que je décèle d'affinité particulière. Ni ce talent qui est le sien. J'avais seulement remarqué qu'il s'inspirait un peu de ce que je faisais sur les skis mais, comme nous avons un gabarit proche, cela paraissait plutôt naturel. Il a rejoint le groupe Coupe du monde en 2018, l'année des Jeux olympiques de PyeongChang. C'est à ce moment que nous avons appris à mieux nous connaître et à nous apprécier, au-delà de la dizaine d'années qui nous sépare.

CETTE VICTOIRE D'ÉMILIEN
A RENDU
TOUT LE MONDE HEUREUX

Émilien possède une belle capacité à aller vers les autres, naturellement. Il ne met pas de barrière et je ne l'ai jamais senti réellement intimidé, même s'il devait l'être un petit peu au début.

Il était proche d'Antonin Guigonnat, qui avait passé pas mal de temps avec lui dans le groupe B. Je m'entends très bien avec Antonin, le lien s'est noué facilement. Tous les trois, nous partageons de nombreux points communs avec Fabien, peut-être plus que je n'en ai avec Simon ou Quentin mais, pour autant, notre relation n'est en rien exclusive et nous nous entendons vraiment bien tous ensemble. Il n'y a pas de clans. Le principe établi en équipe de France de ne pas placer toujours les mêmes ensemble dans les chambres d'hôtel facilite les échanges et l'équilibre collectif.

Cette convivialité dans l'équipe s'est bien ressentie avec cette victoire d'Émilien. Son titre – il est, seulement, le quatrième biathlète français sacré champion du monde ! – a vraiment marqué les esprits. Même au-delà de notre groupe, il est apprécié de tous. Johannes, lui-même, le soir à l'hôtel, paraissait content alors qu'Émilien lui a ravi l'or pour un souffle, un or après lequel Johannes court toujours. Cette victoire d'Émilien a rendu tout le monde heureux, comme si elle n'enlevait rien à personne.

Nous l'avons fêtée dignement, le staff a trinqué avant de descendre à la cérémonie protocolaire. Émilien était plein de fraîcheur et, quand nous sommes rentrés à l'hôtel, les Norvégiens nous ont proposé de nous joindre à eux pour le feu d'artifice qu'ils tirent chaque fois que l'un des leurs obtient une médaille. C'était sympa et nous avons prolongé la soirée tous ensemble en partageant les deux gâteaux préparés pour nos deux délégations par le chef du restaurant de l'hôtel. Quelques coupes de champagne ont circulé, mais j'ai passé mon tour, j'avais déjà bu une bière.

Pour ma part, je grappille encore de précieux points au classement général de la Coupe du monde. Cet aspect-là conditionne aussi un peu mes stratégies de course. Je ne veux pas jouer à quitte ou double. Je me dois, à chaque épreuve,

mgen

de récupérer un maximum de points et cela se voit sur mes tirs debout, qui sont techniquement propres mais un peu lents. Je pourrais tirer cinq ou six secondes plus vite pour jouer la gagne. C'est la différence, parfois, entre un podium et une victoire. Mais dans ma situation de leader de la Coupe du monde, je n'ai pas le droit de jouer le tout pour le tout pour une seule course. Je l'ai dit, je vise le classement général et cette quête prend le pas sur le reste, quitte à ce que cela me coûte une victoire d'étape. Peut-être que, malgré cette stratégie, je finirai la saison derrière Johannes, mais j'ai décidé d'essayer et je vais m'y tenir. Pour l'instant, il va plus vite à skis, mais j'ai la précision au tir pour moi. Je sais que je n'ai pas le droit à l'erreur mais lui sait qu'il ne l'a pas non plus !

LE PETIT GLOBE DE LA SPÉCIALITÉ EST EN JEU, J'AI LES CARTES EN MAIN POUR ALLER LE CONQUÉRIR

Physiquement, à l'image de la fin du mois de janvier à Pokljuka, je ne me sens pas au mieux. Je bénéficie d'un niveau correct mais je n'ai pas encore les moyens de creuser la différence à skis. L'altitude ne m'a jamais réussi, cette saison encore moins que les précédentes… Je m'accroche à ce constat pour me dire que la fin de saison va me sourire : après ces Mondiaux, toutes les courses auront lieu au niveau de la mer, ou presque. Moralement, ça va bien. Papa est arrivé hier,

Simon aussi. Je viens d'ailleurs de passer un moment avec lui. Mon beau-frère et ma belle-sœur sont venus aussi la semaine dernière, je suis bien entouré. Je me sens plein d'envie pour ce 20 kilomètres individuel programmé après-demain et qui me tient particulièrement à cœur. Le petit globe de la spécialité est en jeu, j'ai les cartes en main pour aller le conquérir. Une sixième place serait suffisante pour que je me l'adjuge mais je mentirais en disant que je m'en contenterais… Nous sommes parvenus à la moitié des Mondiaux, aux deux tiers de la saison et, jusque-là, tout va bien. Je suis dans le jeu, je suis dans la course.

ANTHOLZ (ITALIE)

jeudi 20 février 2020

CHAMPIONNATS DU MONDE

CLASSEMENT DU 20 KM INDIVIDUEL (mercredi 19 février)

1 : Martin Fourcade 49'43"1 (0+0+0+1)

2 : Johannes Boe +57"0 (1+0+0+1)

3 : Dominik Landertinger +1'22"2 (0+0+0+1)

4 : Jakov Fak +1'30"2 (0+1+0+0)

5 : Benjamin Weger +2'25"5 (0+1+1+0)

...

7 : Quentin Fillon Maillet +2'34"6 (1+1+2+0)

19 : Fabien Claude +4'14"1 (2+1+0+1)

59 : Simon Desthieux +7'21"5 (3+1+1+1)

Le sentiment qui m'a envahi juste après la victoire continue de m'étonner. Je me suis senti fragile émotionnellement. D'une sensibilité à fleur de peau. Comme si je n'avais plus de carapace, que je me laissais toucher par mes émotions et celles des gens qui m'entourent. Cela ne m'était encore jamais arrivé avec une telle force dans le cadre professionnel… Maintenant, à peine quelques heures plus tard, après une courte nuit, je suis simplement heureux. Très heureux.

Je suis sacré sur l'individuel, ce format que j'apprécie particulièrement, au terme d'une course maîtrisée jusqu'à la dernière balle qui m'a propulsé, à cause de ce raté final, dans des montagnes russes d'émotions fortes. Il y avait de grands enjeux sportifs attachés à cette épreuve : remporter le globe de la spécialité auquel je tiens, battre de nouveau Johannes dans une course qui ne donne généralement pas droit à la moindre erreur et rejoindre Ole Einar Bjoerndalen au nombre record de victoires individuelles en championnats du monde… Même si ce dernier élément n'a jamais constitué un objectif, je suis fier d'y être parvenu,

comme je suis fier d'être titré dans cette spécialité, la plus exigeante de toutes, devant un Johannes qui a réalisé une très belle performance.

L'individuel est une course particulière pour tous les biathlètes. Nous avons conscience qu'elle n'est pas la plus palpitante à suivre à la télé mais, pour nous, elle signifie beaucoup sportivement. C'est la course que l'on redoute, celle où l'on se retrouve face à soi-même, pendant trois bons quarts d'heure, au mieux. Avec ses 20 kilomètres, c'est la plus longue, la plus dure, chaque balle coûte très cher (une minute de pénalité), elle demande de maîtriser de nombreux paramètres physiques et mentaux, sur la durée. C'est sur ce format que j'ai été le plus titré durant ma carrière. Cette année, sur les trois courses programmées, j'en ai gagné deux et j'ai terminé deuxième derrière Johannes. Elle procure, certes, moins d'adrénaline qu'une mass start, elle revêt aussi probablement moins de prestige médiatique qu'une poursuite, mais elle constitue l'essence de notre sport, techniquement et historiquement. On a coutume de dire que l'individuel sacre le meilleur biathlète, il serait immodeste de ma part de le confirmer. Je peux simplement ajouter qu'il y a rarement de surprise sur un 20 kilomètres. En dix ans de carrière, je n'ai pas le souvenir d'en avoir vu une seule. L'an dernier, c'est Peiffer qui a été sacré champion du monde ; en 2018, c'était Johannes. L'individuel sublime les meilleurs athlètes, et l'emporter à ce stade de ma carrière, après les déboires que j'ai connus, témoigne

d'une belle forme de résilience. Cette victoire signifie que j'ai su faire le dos rond, prendre les coups, tomber et me relever.

J'ai obtenu de très belles victoires cette année, mais celle-ci est particulière. Tous les athlètes se préparent pour les Mondiaux afin d'être performants le jour J. Être hier le premier d'entre nous m'a permis de mesurer le chemin parcouru. Et d'apprécier le rebond. Cette victoire définit bien le moment que je vis et c'est de cela dont je voulais profiter, pendant *La Marseillaise.* Souvent le moment de l'hymne, si fort en émotion, m'a donné l'occasion de prendre du recul, de mettre la victoire en perspective. Cette fois, je n'ai pas voulu penser à quoi que ce soit, ni au passé, ni aux enjeux, ni au message que j'adressais. J'ai simplement goûté l'instant. Éprouvé le bonheur d'être là.

À la descente du podium, alors que nous étions interviewés ensemble, Johannes a eu pour moi des mots très élogieux, émouvants, sincères. Évidemment, le moment n'était guère propice à la critique, mais son discours sonnait juste et il m'a touché. De retour à l'hôtel, il est venu me voir pour me proposer de partager à nouveau les gâteaux préparés par le chef. C'est devenu une tradition entre nos deux équipes pendant ces Mondiaux. Les liens entre nous se sont renforcés depuis dix jours. Il y avait du respect réciproque, il y a désormais quelque chose de plus entre Johannes et moi. Je savais que c'était quelqu'un de bien, comme son frère que j'apprécie depuis plus longtemps. Je me doutais que nous possédions de nombreuses valeurs communes et, malgré la rivalité qui nous unit et nous sépare, cela se confirme. On discute davantage tous les deux. On parle de nos familles, de nos vies. C'est à la fois pudique et un peu superficiel mais, dans notre contexte, cela n'a rien d'anodin. Nous apprenons à nous apprécier.

Je me suis couché vers minuit et à 6 h 30 je n'arrivais déjà plus à dormir, sans avoir programmé mon réveil. Pour quelqu'un qui aime bien traîner au lit le matin, ça en dit long sur mon niveau d'excitation… Maintenant, je passe à la suite. Et la suite, c'est le relais, samedi. Contrairement à l'option choisie à Pokljuka, je ne vais me reposer ni aujourd'hui ni demain, pour conserver

J'AI SIMPLEMENT GOÛTÉ L'INSTANT. ÉPROUVÉ LE BONHEUR D'ÊTRE LÀ

le rythme, la concentration. Tout à l'heure, je vais skier doucement, histoire de récupérer et de m'oxygéner. Ensuite, je vais me consacrer à une courte séance de tir sur cartons pour conserver un haut niveau d'exigence mais aussi me contraindre à mettre plus de rythme, à tirer plus vite. En relais, il faudra engager davantage et je veux être prêt à le faire.

Plus tard, en fin d'après-midi, je passerai sans doute un peu de temps avec mon père et mon frère Simon avant de traîner à l'hôtel, dans d'autres chambres que la mienne. Cette semaine, Chloé, la copine d'Émilien qui disputait des courses de Coupe d'Europe, nous a rejoints pour assumer son rôle de remplaçante dans le relais féminin. J'essaie de leur laisser un peu d'intimité et je passe plus de temps chez Antonin et Fabien. Je le fais d'autant plus volontiers qu'ils disposent d'une très bonne connexion wi-fi alors qu'elle est plus que médiocre dans ma chambre et partout ailleurs dans l'hôtel !

ANTHOLZ (ITALIE)

samedi 22 février 2020

CHAMPIONNATS DU MONDE

CLASSEMENT DU RELAIS 4X7,5 KM HOMMES (samedi 22 février)

1 : France (Jacquelin, Fourcade, Desthieux, Fillon Maillet) 1h12'35"9 (0+4)

2 : Norvège (Christiansen, Dale, T. Boe, J. Boe) à 21"5 (1+12)

3 : Allemagne (Lesser, Horn, Peiffer, Doll) à 36"2 (1+8)

En arrivant au stade, je me suis senti oppressé, j'avais du mal à respirer. Cela m'arrive parfois avant les courses importantes. J'y suis habitué et j'ai réussi à évacuer cette tension négative en régulant ma respiration, en me persuadant qu'il s'agissait d'une course comme beaucoup d'autres et en me focalisant sur ma routine de préparation.

Émilien a parfaitement lancé la course, jusqu'au passage de relais où il a fait un peu n'importe quoi en arrivant avec trop de vitesse. Il a heurté l'Allemand devant lui, qui s'est déporté vers moi et m'a serré dans la barrière, me contraignant à effectuer une figure de patinage artistique pour rester debout. Un petit morceau de neige glacée s'est glissé sous ma chaussure et, pendant toute la course, j'ai cru que ma fixation était cassée. C'était pénible et je n'ai cessé d'y penser, redoutant que l'incident technique ne s'aggrave et ne compromette nos chances. Mon adversaire allemand a été excellent et, sur cette piste peu sélective, je ne suis pas parvenu à le décrocher. Cela dit, comme dans certaines épreuves cyclistes, nous disputions une course à élimination, avec une sélection qui s'effectuait par l'arrière. L'essentiel était de ne pas commettre la moindre erreur. En passant le témoin à Carlito (Simon Desthieux), l'écart était creusé avec la Norvège et la Russie. Le contrat était rempli.

Simon a assuré aussi sa part de travail. Il n'était pas au mieux de sa forme à skis quand les Allemands, eux, disposaient d'un matériel très performant, mais malgré cela, il a tenu le coup. C'était à Quentin de finir le boulot et cela n'était pas le plus évident. Au moment où il a loupé sa première balle de pioche sur le tir debout décisif, j'avoue que je me suis un peu inquiété. Heureusement, il a immédiatement douché le public largement composé de supporters allemands et bien assourdi l'ambiance. À l'exception du clan français ! Nous sommes devenus dingues, ça faisait tellement longtemps qu'on attendait ce titre par équipe. Nous étions passés tout près en 2012 et en 2017, nous avions connu de grosses désillusions aux Jeux, à Vancouver, à Sotchi, à PyeongChang, aux Mondiaux d'Oslo en 2016, l'année dernière à Östersund… Il y avait dans l'air comme l'idée d'une malédiction à laquelle je ne me résolvais pas. Les entraîneurs m'ont demandé maintes fois mon avis là-dessus, à propos de ce qui n'allait pas, de ce qui nous empêchait de gagner alors que, sur le papier, nous disposions d'une équipe capable de l'emporter. J'ai toujours répondu que c'était davantage affaire de circonstances que de problèmes structurels. Pourtant, je commençais moi-même à me poser des questions, à me demander si je n'étais pas, d'une certaine manière, responsable de notre incapacité à franchir le dernier pas, celui qui mène à la plus haute marche du podium. À l'or partagé.

Pourtant, objectivement, il n'y a jamais eu de problème de fond dans notre collectif. Rien qui explique en tout cas ces dix-neuf années sans victoire mondiale. Et autant la médaille d'or de l'équipe de France en 2001 constituait une surprise, autant la nôtre n'en est plus une, et n'en aurait pas été une depuis dix ans.

Le dernier tour que Quentin a effectué en solitaire, loin devant la concurrence, nous a permis de laisser redescendre l'adrénaline. Les coachs et les techniciens nous ont rejoints les uns après les autres, nous nous sommes congratulés et puis… On a commencé à rigoler en attendant que Quentin rallie l'arrivée. On s'est remémoré la scène comique du vendredi mais, pour l'expliquer, j'ai besoin d'effectuer un court retour en arrière…

L'avant-veille de la course, Vincent nous a réunis pour nous confirmer la composition du relais. Il était un peu tendu, on a tous senti que pour lui le moment était solennel. Pourtant, son annonce n'était pas surprenante, il a reconduit l'équipe victorieuse à Ruhpolding. Le lendemain soir, hier donc, à la fin de la réunion technique de veille de course, Quentin, le regard noir, a demandé la parole : « J'aurais bien aimé que tu nous donnes la composition du relais avant que nous la lisions dans la presse, cela n'est pas normal que tu leur communiques ça avant d'en parler avec nous ! » Vincent, un peu estomaqué, lui a répondu calmement : « Mais on en a parlé tous ensemble hier… » Et Quentin d'en remettre une couche, sans se démonter : « Ouais, ben moi j'étais pas là quand vous en avez parlé ! » On s'est tous regardés, ahuris, Vincent lui a confirmé qu'il était bien présent au moment de l'annonce et Quentin a fini par convenir qu'il n'avait probablement pas tout écouté. Ça commençait bien, le relais… Pour détendre l'atmosphère j'ai ajouté : « Ne t'inquiète pas, Quentin, nous sommes français, nous aimons bien râler pour rien. » C'est devenu notre *running gag*, jusqu'à l'aire d'arrivée. Et quand il a eu franchi la ligne, victorieux, je n'ai pas pu m'empêcher de lui rappeler : « Tu vois, finalement, ça fait du bien de gueuler pour rien ! »

Pour moi, c'est après que cela s'est gâté… Je me suis approché du micro de la chaîne *L'Équipe*. Je venais d'entendre que cela faisait dix-neuf ans que la France attendait cette médaille d'or, j'avais bien sûr en tête la victoire de 2001 mais je n'avais pas réalisé que presque deux décennies s'étaient écoulées depuis. Cette idée me paraissait forte et je voulais axer mes réponses autour d'elle, parler des évolutions, de la notoriété de notre discipline en France, de la transmission… J'essaie toujours d'avoir une ligne directrice avant d'aller répondre aux questions des médias. Mais au moment d'écouter le lancement de Tangi le journaliste de

L'Équipe, je ne sais pas pourquoi, j'en suis venu à me demander : « Mais moi, j'étais où exactement quand ils ont gagné en 2001 ? » Tout est revenu d'un seul coup. En un flash d'une clarté et d'un réalisme absolus. J'avais 12 ans, sur le canapé de mes parents je regardais « Stade 2 » distraitement. J'ai entendu : « Biathlon, la France championne du monde en Slovénie. » J'ai vu sur l'écran Raphaël Poirée, dernier relayeur français, parcourir cette ligne droite de Pokljuka que je ne connaissais pas encore, que j'ai parcourue tant de fois depuis. J'étais tout excité que l'on parle de mon sport, je m'en souviens encore…

Et là, face à Tangi j'ai revécu la scène, entendu comme un écho lointain de la voix du commentateur de « Stade 2 ». Et j'ai pris conscience du fait que ce chapitre majeur de ma vie, le biathlon, le sport de haut niveau, s'était ouvert à cette époque-là. Surtout qu'il allait se refermer dans quelques semaines, que j'étais au bout de cette histoire. J'ai mesuré le temps de vie écoulé, de l'enfant que j'étais à l'homme que je suis devenu. Ça m'a pris à la gorge. Plus de son, plus d'image. L'émotion était trop forte. J'ai réalisé que je venais de remporter ce titre par équipe que j'espérais tant au moment où je jouais ma toute dernière chance. Que je venais de gagner avec mes potes la dernière médaille qui me manquait, pas pour garnir un palmarès, mais pour la consécration humaine qu'elle représente.

C'est la première fois que je comprenais aussi que j'allais tourner la page dans à peine plus d'un mois. J'avais, certes, cette possibilité dans un coin de la tête depuis longtemps déjà, mais cela ne constituait qu'une hypothèse. À ce moment précis, j'ai senti que c'était désormais une certitude. Qu'après les finales d'Oslo, je raccrocherai mes skis et ma carabine. Que j'étais au bout de ma première vie, au bout de ce voyage. Évidemment, je n'ai rien dit de tout cela quand j'ai pu reprendre place face aux caméras. Ça n'était ni l'endroit ni le moment. Qu'aurais-je pu dire ? Que l'idée de retraite s'impose chaque jour davantage depuis le début des mondiaux ? Déjà, à la veille de l'individuel, il m'est revenu en mémoire, spontanément, que Raphaël Poirée avait annoncé qu'il arrêtait ici, à Antholz, lors des championnats du monde de 2007, après sa victoire sur ce 20 kilomètres. Je savais que ça n'était pas encore un sujet pour moi, que, quoi qu'il advienne, je n'évoquerais pas ma décision ici. Je souhaite informer mes proches avant d'en parler à la télévision. Mais c'est amusant de voir à quel point cette problématique prend possession de mes pensées sans que je ne l'aie décidé…

Trois heures plus tard, je suis encore à fleur de peau face à cette vision d'ensemble de vingt ans de ma vie. Je me sentais déjà très ému et vulnérable après ma victoire de mercredi mais je ne portais pas encore ce regard global sur le chemin que j'ai parcouru, qui m'a conduit jusqu'à ces moments que je vis aujourd'hui. Sur ce chemin et ce bout de la route que j'atteindrai le dimanche 22 mars, après la mass start d'Oslo.

Me voir dans cet état émotionnel a surpris mes coéquipiers, ils ont pris pleinement conscience de ce que notre victoire représentait pour moi. Ils m'ont, bien sûr, un peu chambré par rapport à ces larmes qu'ils n'avaient encore jamais vu couler de mes yeux mais je sais que cela leur a fait quelque chose. Émilien, le plus jeune d'entre nous, m'a dit qu'il avait à cœur de réussir sa course pour moi. Pour ma part, je n'ai jamais envisagé cette victoire comme un aboutissement pour mon propre palmarès. Je l'ai toujours vue comme la possibilité d'une réussite collective. Je crois que ma réaction l'a aidé à prendre la mesure de ce que notre médaille d'or représente pour le biathlon français, au-delà de moi, au-delà de lui.

ANTHOLZ

SÜDTIROL
2
2
2

ANTHOLZ (ITALIE)

dimanche 23 février 2020

CHAMPIONNATS DU MONDE

CLASSEMENT DU 15 KM MASS START (dimanche 23 février)

1 : Johannes Boe 38'09"5 (0+0+0+0)

2 : Quentin Fillon Maillet à 42"0 (1+0+1+1)

3 : Émilien Jacquelin à 55"0 (1+0+1+0)

4 : Tarjei Boe à 55"6 (0+0+1+1)

5 : Simon Desthieux à 1'03"7 (0+0+0+1)

...

7 : Martin Fourcade à 1'13"1 (1+1+0+1)

Cette course est ma seule déception des Mondiaux. J'avais les jambes mais pas le bon matériel et j'ai raté une balle de trop. Je suis surtout frustré d'avoir rétrogradé de deux places dans la dernière descente, alors que j'avais mené le train dans la montée, parce que Leitner et Simon glissaient bien mieux que moi. Je pouvais limiter la casse au classement général de la Coupe du monde mais, à l'arrivée, je perds 20 points par rapport à Johannes, alors que je m'étais résigné dès le deuxième tir à me concentrer sur cet aspect-là tant il évoluait sur une autre planète pendant cette course. Je visais le podium, plus pour les points qu'il m'aurait rapportés que pour la médaille qui va avec. Il m'a manqué une balle dans la cible lors du dernier tir debout pour atteindre mon objectif du jour. Alors que ce matin j'étais le coureur qui avait gagné le plus de points pendant ces

Mondiaux, j'ai perdu ce soir tout l'avantage que j'avais acquis. Je mène encore le général, de 98 points par rapport à Johannes et de 76 par rapport à Quentin, mais ces écarts sont trompeurs. Si on se projette sur le classement épuré des points des deux plus mauvais résultats de la saison, comme c'est la règle et comme on le fera à l'issue de la dernière course d'Oslo, je n'ai que 38 points d'avance sur Johannes. À mon avantage, ni lui ni Quentin ne disposent plus du moindre joker, ils doivent marquer à chaque course, alors que j'ai encore un voire deux droits à l'erreur…

TROIS SEMAINES
AVANT DE CHANGER
DE VIE.
JE SENS QUE
ÇA FILE VITE…

C'est serré, très serré. Je considère que Johannes et moi sommes comme à égalité. Il va falloir que je sois meilleur que lui et c'est une situation excitante. La tension transcende l'enjeu et ne rendra, éventuellement, la victoire que plus belle. Il nous reste trois semaines de course. Les trois dernières pour moi. Trois semaines avant de changer de vie. Je sens que ça file vite…

CLASSEMENT GÉNÉRAL DE LA COUPE DU MONDE

(17/24)

1 : Martin Fourcade 788 pts

2 : Quentin Fillon Maillet 712 pts

3 : Johannes Boe 690 pts

...

5 : Simon Desthieux 576 pts

7 : Émilien Jacquelin 547 pts

19 : Fabien Claude 284 pts

27 : Antonin Guigonnat 171 pts

VILLARD-DE-LANS

VILLARD-DE-LANS

lundi 24 février 2020

Je suis arrivé à 3 heures du matin. Comme convenu avec les filles, je suis allé poser dans leurs chambres les dessins qu'elles m'avaient offerts avant de partir pour les Mondiaux et que j'avais affichés dans ma chambre d'hôtel. C'était le signal convenu pour qu'elles sachent, au réveil, que j'étais de retour. Après quatre petites heures de sommeil, j'ai entendu Manon crier : « Il y a le dessin, il est rentré ! » J'étais épuisé mais je me suis levé pour être avec elles pendant le petit déjeuner. Dès que j'ai pu, je suis retourné au lit et j'ai dormi jusqu'à midi.

Je dispose de deux jours de repos avant de reprendre l'entraînement. Le programme va être un peu plus chargé par rapport à mes habitudes de ces dernières années, jusqu'au chrono de lundi prochain destiné à me remettre dans le rythme de la compétition. Puis mardi, ce sera le départ pour Nove Mesto. D'ici là, j'écoute les discussions autour du coronavirus, avec parfois un petit sentiment d'irréalité. Nous avons séjourné pendant les Mondiaux en plein cœur du foyer d'infection italien mais rien ne nous a paru différent. J'avoue n'avoir pris aucune précaution particulière même si, par habitude, je fais attention à tout ce qui pourrait altérer ma santé et encore davantage quand la saison approche de la fin, que la fatigue se fait sentir et que la moindre défaillance n'est plus permise pour qui nourrit quelque espoir de victoire au classement général. Je ne suis pas inquiet du tout, malgré les proportions que prend cette histoire de pandémie, mais je suis bien obligé de regarder ce qui se passe et d'envisager d'éventuelles conséquences. Il n'est pas question pour nous de changer notre approche et nos routines mais je sais que tout ne se déroule pas tranquillement dans d'autres professions. Mon beau-frère, par exemple, qui était venu m'encourager à Antholz, a été contraint d'observer une période de quarantaine quand il a voulu retourner au travail...

Je commence à m'interroger sur la meilleure manière d'annoncer que je raccroche, et surtout à quel moment le faire. J'ai des envies qui ne sont pas forcément compatibles entre elles : je voudrais pouvoir dire au revoir à tout le monde lors des finales d'Oslo mais, pour cela, il va falloir que je me décide à rendre publique ma décision alors que je serai toujours en course pour remporter le gros globe de la Coupe du monde. Je ne veux pas prendre le risque d'être perturbé par cette annonce qui est tout sauf anodine pour moi et de gaspiller de l'énergie dont je vais avoir besoin pour battre Johannes et Quentin... Je ne sais pas comment procéder, j'ai l'impression qu'il n'y a pas de bonne solution. Je sais seulement que je n'ai pas envie de ne rien dire et d'attendre la fin de la saison pour faire savoir que j'ai pris ma retraite. Cela me donnerait l'impression de partir en douce, de priver tout le monde, moi y compris, d'un bon moment, d'adieux émouvants, d'embrassades, de rires et de larmes. À Oslo, nous serons tous dans le même hôtel, ma famille sera là avec quelques amis, je veux en profiter. Reste à savoir si j'attends le dernier jour pour dévoiler mes intentions et dire à tous que je passe à une autre vie ou si je préviens tout le monde avant Oslo. Pour faire la course en sachant que c'est la dernière fois, avant de fêter ça tous ensemble !

VILLARD-DE-LANS

mardi 3 mars 2020

Avec Émilien, nous avons disputé hier notre fameux chrono de Gève, du nom du site de ski de fond d'Autrans, à une vingtaine de kilomètres de chez nous. En janvier, à l'issue de ce même exercice au même endroit, Émilien et moi avions expliqué au reste de l'équipe que nous ne nous sentions pas très en forme. Nous espérions que leurs sensations étaient meilleures que les nôtres sur le chrono qu'ils avaient effectué de leur côté. Deux jours plus tard, nous terminions premier et deuxième du sprint d'Oberhof. C'est depuis devenu une blague récurrente : nous proposons à nos équipiers de leur vendre une place pour le chrono de Gève, ce qui permet, si l'on en croit notre expérience, de monter sur le podium de la course suivante…

Cette fois, je ne peux pas me plaindre, mon ressenti sur les skis est très bon. Au tir, en revanche, c'était correct sans plus. Pas de quoi m'inquiéter, j'aborde au contraire ce dernier triptyque décisif de la Coupe du monde avec confiance, envie et détermination.

Nous nous retrouvons tous, plus tard, à l'aéroport de Genève, d'où nous décollerons pour Zurich, où nous prendrons un second vol pour Prague puis le car pour Nove Mesto. Je pense qu'on va rigoler en se moquant d'Émilien qui est hypocondriaque. Cela va l'obliger à se détendre un peu alors qu'il a vraiment la trouille du virus…

NOVE MESTO (RÉPUBLIQUE TCHÈQUE)

NOVE MESTO (RÉPUBLIQUE TCHÈQUE)

vendredi 6 mars 2020

CLASSEMENT DU 10 KM SPRINT (vendredi 6 mars)

(disputé à huis clos à cause de l'épidémie de coronavirus)

1 : Johannes Boe 24'56"8 (0+0)

2 : Quentin Fillon Maillet +22"8 (0+0)

3 : Tarjei Boe +1'01"1 (0+0)

4 : Michal Krčmář+1'14"1 (0+0)

5 : Jakov Fak +1'16"6 (0+0)

6 : Martin Fourcade +1'19"1 (0+1)

...

8 : Simon Desthieux +1'37"6 (1+1)

10 : Émilien Jacquelin +1'44"4 (1+0)

15 : Antonin Guigonnat +1'50"7 (0+1)

43 : Fabien Claude +2'46"7 (2+2)

Nous sommes allés courir une demi-heure mercredi matin pour nous remettre en jambes après la journée de la veille, consacrée au voyage, et aborder sans fatigue l'entraînement de l'après-midi. Toute l'équipe était là, coachs et kiné compris. Il n'y a pas de neige et les sentiers que nous empruntions étaient bien boueux. L'occasion de rager un peu sur le coach qui servait de guide. À un moment, nous nous sommes même retrouvés sur un terrain semi-marécageux qui bordait une forêt. En la longeant, j'ai à peine effleuré une branche basse avec ma cheville gauche. J'ai senti une légère écorchure, rien d'important mais, par mesure de précaution, en rentrant à l'hôtel, j'ai désinfecté la minuscule plaie. Le soir, pourtant, j'ai commencé à ressentir un picotement, puis une douleur. Le lendemain, c'était pire et tout à l'heure, après la course, mon mollet était gonflé localement, douloureux et violacé. On s'est décidés à faire un peu de chirurgie avec le kiné et, au bout de quelques longues minutes, avec une aiguille, il a extrait une pointe en bois d'un bon demi-centimètre. Pas une écharde, un morceau de bois ! Je n'ai toujours pas compris comment il a pu entrer. Quand j'ai désinfecté le premier jour, il n'y avait pas d'ouverture ! Maintenant, il y en a une, et une belle, qu'on a dû creuser pour le faire sortir. Quand je pense que tout le monde dans l'équipe se moquait de moi quand je disais que j'avais mal… Ça, ils s'en sont donné à cœur joie pour me traiter de gros douillet, et encore, j'édulcore leur vocabulaire !

En ce qui concerne la course, je n'ai pas grand-chose à me reprocher. J'étais serein et très en forme. J'avais de bonnes sensations sur le premier tour et le tir s'est parfaitement déroulé. C'est ensuite que cela s'est gâté… Lors du deuxième tour, je rattrape un athlète biélorusse à qui je demande la piste, comme c'est l'usage. Le règlement l'oblige à se décaler pour me laisser passer sur la trajectoire préférentielle mais il n'a pas bougé. Je demande à nouveau, il ne s'écarte toujours pas. Je gueule un peu mais il ne bouge pas… Je me suis énervé, je l'ai doublé par l'extérieur et en me rabattant, je casse un bâton avant la grande montée où je savais qu'aucun coach ne se trouvait. J'ai passé toute la côte à appeler « Fred ! Fred ! » pour que l'entraîneur des filles qui était posté au sommet vienne vers moi. Il ne m'a pas entendu. Et quand il m'a enfin aperçu, le bâton qu'il m'a tendu était fissuré. Il a cédé dès la première poussée. J'ai refait une descente avec une seule canne avant que le coach de Johannes ne puisse me donner un bâton de rechange. Avant ce moment-là, je reprenais du temps à Quentin et faisais jeu égal avec Johannes. J'étais dans un bon tempo. Je ne dis pas que j'aurais gagné, je peux même assurer le contraire – Johannes était intouchable –, mais je pouvais jouer la troisième, voire la deuxième place. Au-delà des secondes perdues, je me suis mis dans le rouge dans la côte pour perdre le moins de temps possible, je n'ai pas pu récupérer pendant la descente suivante, j'ai emmagasiné du stress, je me suis imposé une montée d'adrénaline inutile et, stratégiquement, j'ai pris des risques sur le second tir pour grappiller quelques dixièmes. C'est aussi pour cela que j'ai raté une balle. Je suis forcément un peu déçu par cet enchaînement, tout cela me coûte cher au classement général, mais c'est la course, c'est le sport, c'est ainsi…

Je suis déjà passé à autre chose. Je ne regarde pas les points que j'ai perdus, je pense à la suite, au fait que j'ai toujours le dossard jaune sur les épaules. Pour le conserver à la fin de la saison, il faudra de toute façon que je batte Johannes, pas que je me contente de limiter la casse. La trentaine de points d'avance qu'il me reste au classement actualisé* ne suffira pas. Il faut être lucide, Johannes est en ce moment une jambe au-dessus de tout le monde. Pour finir devant lui je dois aussi compter sur ses erreurs. Et il en commettra certainement.

Pour le reste, l'atmosphère de cette course à huis clos est bien étrange. Nous avons du mal à percevoir une cohérence quand on voit que les matchs de football du championnat tchèque se disputent devant du public, comme ceux de hockey… C'est partout le même problème, j'ai vu que le semi-marathon de Paris avait été annulé mais que l'on avait laissé les supporters stéphanois envahir la pelouse après la victoire des Verts en demi-finale de la Coupe de France. Quand tu fais les frais des décisions des autorités, forcément tu apprécies moins. Je pense, par exemple, à Michal Šlesingr, le biathlète tchèque qui arrête sa carrière à la fin de la semaine, c'est dur pour lui de ne pas pouvoir dire au revoir à son public. Pour les autres, c'est moins dérangeant. Nous sommes des sportifs de haut niveau, capables de fournir notre prestation quelles que soient

---

* Après les finales d'Oslo, les points des deux moins bons résultats de la saison seront retranchés du total de chaque coureur. Johannes, qui a raté quatre courses en janvier et a donc marqué quatre fois zéro point, ne perdra rien tandis que moi, je me verrai retirer les points de mes 10e et 12e places des sprints d'Hochfilzen et du Grand-Bornand – à moins que je fasse moins bien d'ici la fin !

les conditions. Même si nous en préférons certaines plutôt que d'autres… En ce moment, disons que nous sommes plutôt dans la moyenne basse. Très basse. Nove Mesto, on y vient toujours avec plaisir. Mais ça n'est pas pour la gastronomie, la météo ou le paysage ! C'est cette tribune qui d'habitude gronde à chaque départ que nous aimons. Ce public chaud, exubérant et connaisseur… Espérons au moins que ces mesures extrêmes seront réellement efficaces pour enrayer partout l'épidémie de coronavirus.

CLASSEMENT GÉNÉRAL DE LA COUPE DU MONDE

(18/24)

1 : Martin Fourcade 826 pts

2 : Quentin Fillon Maillet 766 pts

3 : Johannes Boe 750 pts

…

5 : Simon Desthieux 610 pts

7 : Émilien Jacquelin 578 pts

19 : Fabien Claude 284 pts

29 : Antonin Guigonnat 197 pts

2

NOVE MESTO (RÉPUBLIQUE TCHÈQUE)

dimanche 8 mars 2020

CLASSEMENT DU 15 KM MASS START (dimanche 8 mars)

(disputé à huis clos à cause de l'épidémie de coronavirus)

1 : Johannes Boe 39'32"7 (1+1+1+0)

2 : Émilien Jacquelin +15"1 (0+0+0+0)

3 : Arnd Peiffer +25"0 (0+0+0+1)

4 : Dmytro Pidruchnyi +27"9 (0+1+0+1)

5 : Erlend Bjoentegaard +27"9 (0+1+0+1)

...

8 : Quentin Fillon Maillet +44"8 (0+0+1+0)

14 : Martin Fourcade +1'32"5 (0+0+1+2)

21 : Simon Desthieux +2'39"8 (1+1+0+1)

25 : Fabien Claude +3'28"0 (0+2+0+1)

26 : Antonin Guigonnat +3'53"6 (0+0+0+0)

Je viens de vivre une journée très compliquée. Ça se présentait bien, je me sentais prêt, capable d'aller disputer le match avec Johannes. Dès les premiers mètres, j'ai compris. Je n'arrivais pas à le suivre alors que, d'évidence, il n'était pas en train d'attaquer. Si j'avais eu le moindre doute, le fait que je ne parvienne pas non plus à suivre ses coéquipiers me l'aurait ôté… Quarante-cinq secondes de course et je savais que c'était terminé. Sans aucun espoir. Quinze secondes perdues dès le premier temps intermédiaire, j'ai réalisé que la course allait être très longue et très pénible. Un calvaire. Elle l'a été…

Rapidement, Quentin m'a dit : « Mais là, on est collés ! » Je n'ai rien pu lui répondre d'autre qu'un : « Ben ouais... » Au début, nous pensions que les Norvégiens avaient réussi un coup, trouvé le bon fart pour cette neige-là. Nous n'avions pas encore remarqué que d'autres nations glissaient aussi très bien. Nous nous sommes soutenus, relayés, pour essayer de limiter la casse et d'aller marquer quelques points. Jusqu'au dernier tir où j'ai un peu lâché prise. À oublier...

Le pire, c'est que Johannes était prenable ! Il n'a pas réalisé une course de très haut niveau et c'était probablement le bon moment pour le battre et accentuer mon avance au classement général. Ou au moins pour placer d'autres Français devant lui. Cela aurait dû être le cas d'Émilien. Mais c'est ainsi, je connais les règles du jeu, je les ai acceptées. Parfois, le travail des techniciens

POUR QUENTIN
COMME POUR MOI,
UNE TELLE ERREUR
COÛTE CHER.
TRÈS CHER...

qui préparent nos skis nous donne un avantage – comme cela était le cas lors de l'individuel d'Östersund –, d'autres fois, il peut arriver qu'ils prennent la mauvaise option et que cela nous pénalise. Le mauvais fart sur la mauvaise paire de skis. Un choix arrêté quelques heures avant la course. Le taux d'humidité de la neige qui monte en flèche et nos skis ne glissent plus. Les Norvégiens, eux, comme les Russes, les Allemands et quelques autres, ont trouvé la meilleure formule, cette fois-ci… Le décalage est rarement à ce point flagrant, cela ne m'était même jamais arrivé dans de telles proportions de toute ma carrière, mais cela ne sert à rien de se lamenter ou de se mettre en colère. Je sais que nos techniciens sont aussi dépités que nous. Cela arrive à toutes les équipes même si c'est vrai que, pour nous, ça se passe au pire moment de la saison, au détriment des numéros un et deux mondiaux. Pour Quentin, qui était en tête du classement de la mass start, comme pour moi au général, une telle erreur coûte cher. Très cher. Greg, le responsable de la cellule glisse, est venu nous expliquer la situation et les circonstances qui ont conduit au résultat que l'on sait. Il nous a présenté des excuses et il n'est de toute façon pas question de leur en vouloir connaissant leur investissement au quotidien. Inutile, dans ces conditions, de provoquer une réunion pour remettre le sujet sur le tapis. La réunion, ils vont l'avoir entre eux pour déterminer les causes de ce fiasco et trouver des solutions afin que cela ne se reproduise pas.

Le résultat est sans appel : si je conserve le dossard de leader du général, au classement virtuel, celui amputé des deux plus mauvais résultats, comme ce sera le cas après la dernière course de la saison, Johannes est devant moi, avec 13 points d'avance. Treize points, ça n'est pas grand-chose, mais cela va m'obliger à compter sur ses erreurs. Car s'il n'en commet pas, je ne le battrai pas. Il est le plus rapide à skis… Je n'abdique pas, loin de là. Je vais essayer d'aller chercher ce dernier gros globe de cristal que remporte le vainqueur de la Coupe du monde mais ça n'est pas se montrer défaitiste que de regarder en face la réalité. Johannes est favori. Et l'erreur technique que l'équipe de France a commise aujourd'hui l'a conforté dans ce statut. Renverser la tendance sera compliqué, j'affronte un adversaire qui, en ce moment, est plus fort que moi. Ce n'était pas le cas en début de saison à Östersund, pas non plus à Pokljuka, quand il est rentré après sa pause, ni même au début des Mondiaux le mois dernier à Anterselva. Là, je me retrouve dans la même configuration qu'au

Grand-Bornand ou à Hochfilzen : il navigue au-dessus de tout le monde. Mais je connais suffisamment bien mon sport pour savoir que cela peut changer lors des finales à Oslo, sur une neige que nous affectionnons tous les deux, voire dès la semaine prochaine à Kontiolahti. Je ne suis pas favori, clairement, mais je ne me résigne pas. En espérant que les dernières courses ne soient pas annulées…

CLASSEMENT GÉNÉRAL DE LA COUPE DU MONDE

(19/24)

1 : Martin Fourcade 853 pts

2 : Johannes Boe 810 pts

3 : Quentin Fillon Maillet 800 pts

...

5 : Émilien Jacquelin 632 pts

6 : Simon Desthieux 630 pts

20 : Fabien Claude 296 pts

28 : Antonin Guigonnat 207 pts

ICE
4

KONTIOLAHTI (FINLANDE)

KONTIOLAHTI (FINLANDE)

mercredi 11 mars 2020

Les conditions de neige sont très humides et l'ambiance pour le moins particulière. On sent bien qu'après le huis clos, ce sont des annulations pures et simples qui nous pendent au nez. On court en sursis et je redoute que la Coupe du monde n'aille pas à son terme. Dans notre petit monde du biathlon, on entend toutes les rumeurs possibles quant à cette fin de saison. Les discussions n'arrêtent pas et, au fond, personne ne sait ce qu'il va se passer le lendemain. Ma fin de carrière interviendra dans quatre jours ou dans dix, je n'en sais rien. Mais tout cela ne me perturbe pas. Je me sens bien sur les skis, détendu en permanence, content d'être là… Je constate que je souris plus que de coutume, que j'ai envie de dire bonjour aux personnes que je croise. Je suis heureux malgré les circonstances difficiles, j'espère que cela se convertira sur la piste en belles performances et en bons résultats. Aucune raison que cela ne soit pas le cas. J'ai envie d'en profiter au maximum. Même les petites préoccupations d'organisation, par exemple pour cadrer l'annonce de ma retraite sportive, ne me sortent pas de ma bulle de sérénité.

J'ai décidé que je rendrai publique ma décision ici, à Kontiolahti, pour pouvoir jouir pleinement des finales d'Oslo, si par chance elles ont lieu. Je vais probablement le faire samedi, après la poursuite. J'ai commencé à rédiger ma lettre « d'au revoir », à planifier l'annonce. Pour l'instant, personne n'est au courant. Je dois encore déterminer le bon moment pour avertir mes proches, ma famille et l'équipe.

KONTIOLAHTI (FINLANDE)

jeudi 12 mars 2020

CLASSEMENT DU 10 KM SPRINT (jeudi 12 mars)

(disputé à huis clos à cause de l'épidémie de coronavirus)

1 : Johannes Boe 22'27"8 (0+0)

2 : Martin Fourcade +21"1 (0+0)

3 : Émilien Jacquelin +22"3 (0+0)

4 : Vetle Christiansen +30"6 (0+0)

5 : Tarjei Boe +34"0 (0+0)

...

7 : Quentin Fillon Maillet +39"7 (0+0)

8 : Simon Desthieux +40"8 (0+0)

11 : Fabien Claude +56"2 (0+0)

15 : Antonin Guigonnat +1'02"4 (0+1)

Je suis très content ! De ma performance, de ma jolie course et même du résultat. Globalement, Johannes était encore au-dessus de moi sur les skis. J'ai tout donné et n'ai aucun regret. Le tir debout a été compliqué mais je suis allé chercher un sans-faute important. Aujourd'hui, je n'étais pas focalisé sur le gros globe du général, mais plutôt sur celui du sprint, que j'avais à cœur de remporter et pour lequel j'étais à la lutte avec Quentin. Je pressentais depuis quelques jours, avec le risque d'annulation des finales d'Oslo, que ce titre pourrait se jouer maintenant. Cela nous a été confirmé juste avant le départ quand l'IBU nous a officiellement annoncé que la saison allait s'achever ici, à Kontiolahti. Dans la cabine de fartage, Fabien Claude a reçu la notification sur son téléphone. Cela ne nous a pas surpris outre mesure mais je me suis immédiatement remis en tension en me répétant, comme un mantra : « Tu n'as pas le droit à l'erreur. » Pendant la course, et surtout quand j'entrais sur le pas de tir, je me suis forcé à y penser, à me défier sur le thème : « C'est le dernier sprint de ta carrière, pas de faute ! Tu as le petit globe en ligne de mire, on va voir si tu tiens encore la pression ! » Voilà le genre de choses que je me suis rabâchées, alors que l'on prétend souvent que ces pensées-là sont contre-productives. J'imagine que cela dépend du contexte. Pour moi, ce coup-ci comme plusieurs fois auparavant – aux Jeux de Sotchi lors de la poursuite, pour ma première victoire au Grand-Bornand... –, c'était la bonne méthode même si, sur ce dernier tir debout, je ne me suis pas facilité la tâche !

Je viens donc de conquérir mon deuxième petit globe de la saison, après celui de l'individuel remporté aux Mondiaux d'Anterselva. Ce sont les deux trophées qui récompensent le meilleur lors des courses contre la montre. Je suis heureux d'avoir répondu présent dans cet exercice particulier, qui fait appel à des ressorts psychologiques différents des courses en ligne où la confrontation forge une motivation externe qui a fait ma force tout au long de ma carrière. Cette année, j'ai réussi à puiser en moi ce dont j'avais besoin pour performer seul en piste. Après ma déroute de la saison dernière, j'en suis fier, je me prouve que je dispose d'une capacité de résilience importante.

JE ME PROUVE QUE JE DISPOSE D'UNE CAPACITÉ DE RÉSILIENCE IMPORTANTE

Comme je l'ai déjà écrit hier, je me surprends à sourire, presque en permanence, alors que sourire n'est pas forcément ma qualité première ! Je croise des gens, à l'hôtel ou au stade, que je ne connais que de vue, mais avec lesquels je prends plaisir à échanger quelques mots. J'ai l'impression de prêter enfin attention à eux, à tout le monde en réalité. Il serait temps ! Je dis cela sans amertume, je suis conscient d'avoir cheminé jusqu'à celui que je suis aujourd'hui. J'accepte ce que j'ai été et j'apprécie ce que je suis devenu. Je ne crois avoir jamais été un monstre d'égoïsme mais je suis heureux de l'être encore un peu moins.

En début de semaine, j'ai demandé à mes coéquipiers un pronostic sur la probabilité de mon arrêt de carrière à la fin de la saison. Fabien en a parlé au micro de *L'Équipe* en délivrant la version officielle : c'était du 50-50. En réalité, ils parient plutôt sur du 80-20, voire du 90-10 en faveur de la retraite ! Je crois qu'ils ont senti à mon attitude que j'allais tourner la page. L'autre jour, après lui avoir dit : « Tu rigoleras moins l'année prochaine quand je te mettrai des sacs à l'entraînement », Antonin m'a répondu : « Quand tu fais de l'humour sur le fait que tu vas continuer, je ne te crois pas ; quand tu rigoles à propos de ta retraite, je te crois »… On s'amuse bien avec ça depuis pas mal de temps déjà, c'est l'objet de quelques blagues récurrentes relatives à mon grand âge ou aux roustes que je prétends pouvoir leur mettre encore dans les années à venir.

Tous ces jeux vont se terminer très rapidement : nous venons d'apprendre que les finales d'Oslo programmées la semaine prochaine sont annulées. J'ai décidé d'avancer mon annonce à demain soir, à la veille de la poursuite. Je souhaite que tous ceux qui me suivent sachent que ce sera ma dernière course. J'aimerais partager avec eux l'émotion que je vais vivre. Une dernière fois…

J'ai terminé de rédiger la lettre que je vais publier sur mes réseaux sociaux demain soir. J'ai des doutes sur sa qualité, je ne voudrais pas livrer un brouillon d'émotions, mais tant pis, je vais arrêter de modifier chaque phrase ; l'important, je crois, c'est la sincérité de ma démarche et l'authenticité de mes mots. Voici le texte qui sera diffusé demain vers 20 heures :

odlo

KINETIX

Merci pour ce voyage.

Il y a des décisions qui changent une vie.

Je me suis souvent demandé si cela avait été le cas lorsque je suis monté sur les skis pour la première fois, il y a trente ans, dans mes Pyrénées natales. Je crois que j'ai plus simplement suivi cette trace dans la neige dessinée par mon frère Simon, comme beaucoup de petits frères… J'ai été encouragé par ces sensations de glisse et le bonheur d'évoluer dans cet environnement extraordinaire. J'ai aimé ça. Passionnément…

Peu à peu, grâce à des rencontres déterminantes et pour assouvir mon goût de la compétition, j'ai commencé à faire ma propre trace. Celle qui m'a façonné en tant qu'athlète mais surtout en tant qu'homme. Celle qui m'a permis de me jauger, de me mesurer, de savoir qui j'étais. De me construire.

De Vancouver à Oslo, face à Ole Einar Bjoerndalen, Emil Svendsen, Anton Shipulin, Simon Schempp, Johannes Boe et tous mes autres valeureux adversaires – trop nombreux pour tous les citer –, j'ai réalisé mes rêves et vécu les plus belles émotions. J'ai combattu et j'ai gagné. J'ai souffert, aussi. Je suis tombé et je me suis relevé. Surtout, j'ai grandi. En ayant la chance inouïe de voir grandir mon sport. Des audiences télé extraordinaires jusqu'aux succès populaires des Coupes du monde au Grand-Bornand, j'ai vécu en France et ailleurs une merveilleuse ascension. Celle du sport que j'aime, à qui j'ai dédié une belle partie de ma vie, et qui en retour m'a tout donné.

J'aurais pu m'arrêter au lendemain des Jeux olympiques 2018, auréolé de trois nouvelles médailles d'or, mais je devais encore suivre cette trace initiale. Elle m'a bien chahuté l'an passé mais ce sont ces turbulences qui m'ont permis de grandir encore. J'ai dû faire l'expérience de cette notion de résilience jusqu'à engranger, le mois dernier, deux magnifiques titres supplémentaires aux championnats du monde. Seul d'abord et surtout avec l'équipe de France. Avec Émilien, Quentin et Simon, avec Fabien et Antonin. Avec toute l'équipe. Grâce à tous ceux qui nous ont précédés et pour tous ceux qui nous suivront.

Rebondir pour en arriver là, à ces moments de bonheurs partagés, fut le plus grand défi de ma carrière. Je crois que cette dernière mission a été accomplie, quelle que soit l'issue de cette saison.

Ma volonté de donner le meilleur de moi-même et de gravir des montagnes demeure mais la suite de ma construction en tant qu'homme, en tant que père, doit désormais passer par d'autres voies, d'autres supports d'expression.

La passion que je voue à mon sport est intacte. Mon amour pour le sport en général, et les valeurs de dépassement de soi et de respect des autres qu'il transmet, est plus grand que jamais. C'est dans cet univers que je veux continuer à m'exprimer, à m'investir, à partager.

Au moment de vous dire au revoir, je suis si ému mais apaisé. Je me remémore ces lieux, ces visages, ces émotions qui ont jalonné ma carrière. Ces doutes et ces épreuves que j'ai surmontés, ces rêves réalisés. Je laisse une partie de ma vie derrière moi, animé par l'élan de tout ce qu'il reste à construire.

Je veux aussi donner plus à ceux qui m'ont tant aidé car, en vingt années consacrées au biathlon, j'ai appris que nos relations constituent une part déterminante de ce que nous sommes. Je voudrais remercier ma famille et en particulier ma femme et mes filles pour leurs sacrifices et leur amour inconditionnel. Merci à mes parents d'avoir accepté mes choix, à mes frères de m'avoir poussé, chacun à sa manière, à devenir meilleur. Merci à mes adversaires et coéquipiers. Merci à mon équipe (entraîneurs, kinés, techniciens) de vous être investis avec moi comme si vous étiez à ma place sur cette ligne de départ. Merci à mes partenaires d'avoir rendu cela possible. Aux médias de nous avoir accompagnés.

Enfin, merci à vous tous, en France, en Russie, en Allemagne, en Norvège, en République tchèque, en Italie et partout où vous êtes ; merci de m'avoir encouragé, supporté, aimé. Vous avez transformé cette carrière individuelle en aventure collective.

Il est temps de vous dire au revoir. Et merci pour ce voyage.

Martin *

---

* Note de l'éditeur : ce message envoyé sur les comptes Facebook, Twitter et Instagram de Martin a été lu par plus de 6 millions de personnes.

CLASSEMENT GÉNÉRAL DE LA COUPE DU MONDE

(20/24)

1 : Martin Fourcade 880 pts

2 : Johannes Boe 870 pts

3 : Quentin Fillon Maillet 814 pts

...

5 : Émilien Jacquelin 680 pts

6 : Simon Desthieux 664 pts

20 : Fabien Claude 326 pts

27 : Antonin Guigonnat 233 pts

KONTIOLAHTI (FINLANDE)

vendredi 13 mars 2020

L'entraînement de cet après-midi avait une saveur particulière. J'ai opté pour une courte séance de vitesse, quatre séries seulement afin de maintenir mon pic de forme. À la troisième, j'ai posé ma carabine sur le râtelier. Vincent était collé à la jumelle au pas de tir pour permettre à Patrick Favre de nous regarder d'un peu plus près. Il ne semblait pas avoir envie de venir sur la piste alors, pour le motiver je lui ai dit : « Si ça t'intéresse de venir voir le dernier sprint de ma carrière, c'est maintenant. » Il a cru à une boutade et il s'est marré. C'était légitime : depuis quelques jours, la fréquence des blagues à propos de ma fin de carrière a bien augmenté au sein de l'équipe. Jusqu'aux Mondiaux nous n'en parlions pas beaucoup mais, plus nous approchons de l'échéance que j'ai moi-même fixée, plus ils tentent de me piéger pour que je livre l'information. Avant-hier, comme Vincent Vittoz me titillait à ce propos, je lui ai répondu : « Tu feras moins le malin quand je râlerai à propos de tes programmes d'entraînement surchargés l'année prochaine ! » J'ai senti qu'il doutait encore un peu…

Comme mon attachée de presse a prévenu deux médias pour organiser l'annonce de mon arrêt, je redoutais un peu que mes coéquipiers et le staff n'apprennent ma décision par la bande. Un secret n'est jamais bien gardé quand il est partagé par plus d'une personne ! Pour autant, je ne voulais pas perturber les coachs avant la course des filles, programmée à 15 h 30. J'ai donc décidé de rentrer à l'hôtel et d'attendre leur retour. Mais bien sûr, cela ne s'est pas passé comme je l'avais prévu… Lionel Laurent, le responsable « médias » de l'équipe de France, m'a appelé vers 15 heures pour me demander : « Mais qu'est-ce que c'est que ce bazar, un journaliste vient de m'appeler pour me dire que tu allais annoncer ta retraite ce soir ! Et je ne suis même pas au courant ! » Je lui ai expliqué la situation, ma volonté de ne pas parasiter le travail du staff juste avant la course des filles et lui ai demandé de garder la nouvelle pour lui jusqu'à ce que j'arrive. Il a parfaitement compris et j'ai un peu regretté de ne pas l'avoir mis dans la confidence plus tôt. J'aurais dû l'informer en priorité mais je n'aimais pas l'idée de prévenir un membre de l'équipe avant tous les autres, cela me donnait l'impression de leur manquer de respect en faisant une exception…

Avant de retourner au stade pour parler au staff, j'ai demandé à tous les coureurs de venir dans ma chambre. Ils ont évidemment compris de quoi il s'agissait et ce que j'allais leur dire. Mais cela n'a visiblement pas dilué l'émotion. Je leur ai expliqué que la seule chose qui m'avait longtemps retenu d'arrêter, c'était l'envie d'aller chercher avec eux la médaille d'or olympique en relais, mais que je savais désormais qu'ils n'avaient plus besoin de moi pour y arriver. Chacun a réagi différemment suivant son caractère. Je crois qu'Antonin est celui qui a le plus accusé le coup. J'ai vu son visage se fermer, comme quand on reçoit une mauvaise nouvelle, mais il n'a rien dit. Il ne voulait sans doute pas jouer les rabat-joie dans un moment si particulier. D'ailleurs aucun de mes équipiers n'a émis de jugement négatif sur ma décision. Ils m'ont demandé si j'étais bien sûr de moi et comme je le suis… On s'est tous donné une grande accolade et… j'ai réussi à retenir mes larmes !

Je gardais en mémoire le moment où Vincent Defrasne nous a annoncé la fin de sa carrière en 2010. C'est un épisode qui est resté gravé en moi, dont j'avais bien perçu l'importance et la solennité malgré la simplicité avec laquelle Vincent nous avait informés. Je crois qu'il en ira de même pour mes équipiers et qu'ils se souviendront de ces quelques minutes que nous avons partagées. C'est en tout cas ce que j'ai ressenti avec beaucoup d'émotion.

J'ai ensuite passé quelques coups de fil, à Hélène, à mes parents, à Brice, mon petit frère, et à Simon, notre aîné… Lui était dans le bus avec quelques coureurs juniors, ils rentraient d'une Coupe d'Europe et je lui ai demandé de basculer notre conversation sur oreillette plutôt que sur haut-parleur. Je n'avais pas envie que les jeunes publient sur leurs réseaux sociaux ce que j'avais à dire. J'ai même ajouté une exigence pour ne pas prendre le moindre risque : « J'ai quelque chose à te dire mais tu ne pourras rien me répondre, ça risquerait d'être trop explicite pour tes passagers ! » Nous avions déjà discuté tous les deux du sujet, entre les Mondiaux et le départ à Nove Mesto. Il connaissait donc la tendance, mais m'entendre le verbaliser pour la première fois est différent.

J'ai aussi appelé Stéphane Bouthiaux, le directeur des équipes de France, mon entraîneur « historique », il a été le premier à me faire part de sa déception – même si le mot est un peu fort – et j'ai senti sa tristesse. Il croit fondamentalement en mon potentiel sportif et il est persuadé que je dispose encore de quelques années au plus haut niveau. Il n'a peut-être pas tort mais ça n'était pas le sujet pour moi. Il m'a répété plusieurs fois : « Mais tu es bien sûr de ton coup ? Tu ne vas pas regretter ? » Ma retraite marque aussi pour Stéphane la fin d'un chapitre important de sa vie. Sa carrière d'entraîneur est intimement liée à ma carrière de coureur. J'étais le dernier de la bande qu'il a récupérée à son arrivée en 2007. Il m'a vu débarquer chez les juniors et mon départ résonne comme la fin d'une génération qui inclut Vincent Defrasne, Vincent Jay, Alexis Bœuf, Simon, Loïs Habert, Jean-Guillaume Béatrix… J'étais le dernier des Mohicans et ma décision lui a infligé un drôle de choc, comme si elle lui avait imposé de mesurer à quel point le temps avait passé.

L'heure de filer au stade était déjà dépassée, la course des filles venait de se terminer. Justine, que j'ai croisée en arrivant, m'a gratifié d'une grimace signifiant : « Mais qu'est-ce qu'il fait là celui-ci ?! » J'ai rejoint le camion des techniciens où Lionel avait réussi à réunir discrètement tout le staff. Vincent m'a lancé un regard noir en me demandant : « Mais pourquoi tu n'es pas en train de te reposer à l'hôtel ? » J'ai répondu que j'aurais préféré lui annoncer que j'avais oublié ma veste… Je n'ai pas pu refréner les trémolos dans ma voix et les larmes qui montent au moment de les remercier. C'était une drôle de situation d'observer Lionel, le seul à savoir. Il regardait en souriant les réactions autour de lui. Il avait eu le temps de digérer l'information et n'était plus que dans une émotion très positive quand tous les autres devaient faire le tri entre des sentiments forcément mitigés. Cela m'a fait du bien d'avoir ce sourire auquel me raccrocher… Tout le monde a accusé le coup, même s'il n'y avait aucun caractère de gravité. Comme pour Stéphane, chacun a été confronté au temps qui passe. Vincent m'a avoué que s'il était persuadé, il y a quelques mois, que je choisirais d'arrêter, il s'était mis à espérer que j'allais finalement continuer, depuis les Mondiaux, à cause de mon attitude, de l'investissement que je continuais à consentir pour demeurer au plus haut niveau. Le fait qu'il emploie le mot « espérer » est assez éloquent…

Avant de regagner l'hôtel, je tenais aussi à voir Sieg. Son départ avait été un moment difficile pour moi et je lui en ai longtemps voulu. Avec le temps et le recul, ma rancœur s'est apaisée et il était important pour moi de tourner définitivement la page. Ce moment m'en a offert l'opportunité. Je voulais le lui dire, lui signifier l'importance qu'il a eue dans ma carrière et nous permettre à tous les deux de passer à autre chose. Évidemment, il était très ému. D'autant plus qu'il était persuadé que j'allais continuer jusqu'aux Jeux de Pékin.

J'ai aussi pu voir Jean-Guillaume Béatrix, mon plus grand rival des années junior, qui est désormais entraîneur de l'équipe de Belgique, et Jean-Pierre Amat, coach des Chinois. Ne restaient que deux ou trois personnes de l'IBU que je tenais à informer. Je les ai rejointes à la réunion des équipes qui devait statuer sur le maintien ou l'annulation des courses à venir…

Face à l'impossibilité d'avancer avant dimanche l'avion affrété pour rapatrier tout le monde, le débat n'a pas duré longtemps. Quelques nations ont toutefois essayé d'annuler l'intégralité des courses mais pour des raisons qui n'avaient rien à voir avec la santé des athlètes. C'est, par exemple, le cas des Italiens pour protéger Dorothea Wierer, qui traverse une fin de saison difficile et pourrait perdre le gros globe demain. La demande n'était ni objective ni légitime. Les Norvégiens ont eu, eux, une réaction très pertinente en expliquant que chaque équipe avait des intérêts particuliers à défendre et que cela n'était donc pas sur elles que devait reposer la décision. Pour ma part, même si j'ai évidemment très envie de prendre un ultime départ, je ne suis pas intervenu dans le débat en tant que membre de la commission des athlètes. Le directeur de l'IBU a tranché, prenant la mesure qui s'imposait, celle qu'espérait l'ensemble des coureurs. Je vais avoir la chance de disputer ma dernière course en sachant que c'est la dernière. C'est très important pour moi. Je suis heureux de pouvoir me le dire et me le répéter : « Demain je vais courir pour la dernière fois. » Je veux vivre pleinement ce moment, goûter toutes les émotions que cela me procure. Je sais que cela constitue un risque sportif, que je vais avoir du mal à m'endormir ce soir – et d'autant plus que je dois passer en direct sur la chaîne *L'Équipe* pour annoncer ma fin de carrière au grand public –, mais c'est ma volonté que de profiter à fond de chaque instant.

En descendant du car qui me ramenait à l'hôtel, je suis tombé sur Ole Einar Bjoerndalen et je lui ai annoncé que j'arrêtais demain. Il m'a dit : « *Big respect, Martin, big respect.* » Il était touché, moi aussi. Je suis allé voir Tarjei dans sa chambre pour le prévenir. Au restaurant de l'hôtel, j'ai pu parler avec Johannes, avec Simon Schempp et quelques autres. Plus tard, Bjoentegaard a bondi vers moi dès qu'il m'a aperçu pour m'expliquer en riant que les Norvégiens s'étaient réunis à l'initiative de Tarjei et qu'ils n'étaient pas d'accord pour que j'arrête ! Mes adversaires, à l'inverse de mes équipiers, ne s'attendaient vraiment pas à ce que je prenne cette décision. Ils étaient persuadés que je poursuivrai jusqu'aux Jeux de Pékin.

1
som
mgen
odlo
mgen
mgen
KINETIX
VIES

KONTIOLAHTI (FINLANDE)

samedi 14 mars 2020

CLASSEMENT DU 12,5 KM POURSUITE (samedi 14 mars)

(disputé à huis clos à cause de l'épidémie de coronavirus)

1 : Martin Fourcade 31'25"4 (0+0+1+2)

2 : Quentin Fillon Maillet +2"9 (1+0+0+1)

3 : Émilien Jacquelin +4"5 (0+0+1+3)

4 : Johannes Boe +8"3 (0+1+3+0)

5 : Arnd Peiffer +14"1 (0+0+1+1)

...

12 : Fabien Claude +51"3 (1+1+1+0)

13 : Simon Desthieux +54"7 (1+0+2+0)

20 : Antonin Guigonnat +1'19"4 (1+0+2+1)

La nuit a été courte, comme prévu. J'ai terminé tard l'interview avec la chaîne *L'Équipe* et je suis allé me faire masser juste après... J'étais au lit vers 1 heure, 1 h 30, ce qui n'est pas exceptionnel pour moi en période de Coupe du monde : je décale mon rythme pour mieux m'adapter aux horaires de course souvent tardifs. J'étais debout à 7 heures et ça, en revanche, c'est beaucoup plus rare. Je me suis levé fatigué physiquement et émotionnellement. Et en regardant la presse et les réseaux sociaux, je me suis imposé un surcroît d'émotion. Je n'ai jamais reçu autant de messages, même après mon premier titre olympique de Sotchi. Je me suis senti profondément touché par de nombreux témoignages auxquels je ne m'attendais pas. Ça n'est pas anodin de lire ou d'entendre des champions confirmés ou de simples amateurs de sport te dire que tu as influencé leur parcours, de comprendre à travers certaines anecdotes ou certains détails que ce ne sont pas des paroles de circonstance. Je n'avais pas mesuré à quel point ma carrière a eu un impact sur tant d'autres que moi.

Cette notion d'héritage est importante à mes yeux et je n'avais pas réalisé que je laissais une trace de cet ordre-là, dans le biathlon et dans le sport en général. Au-delà des marques d'affection que j'ai reçues, j'ai pris conscience que je représente davantage qu'un joli palmarès. C'est idiot, mais cela m'a ramené au début de ma carrière… Je souffrais de pratiquer un sport presque confidentiel, j'estimais anormal de n'être pas reconnu parce que ma discipline ne jouissait pas de la même renommée que d'autres, à peine plus pratiquées. Cela a longtemps été une douleur pour moi, et encore plus un combat que j'ai mené, pour une forme de reconnaissance. Il m'a fallu du temps pour m'affranchir de cette rancœur qui s'était insinuée en moi. C'est certainement le titre olympique de Sotchi qui m'a guéri et préservé de devenir aigri. Mais je n'ai pas oublié cette frustration, face à ce que je vivais comme une injustice, qui m'a longtemps taraudé. Au moment de dire au revoir, lire ces hommages venus de dizaines de pays différents et de l'ensemble du monde sportif m'a procuré une nouvelle décharge d'émotion forte. Un profond sentiment de gratitude envers tous ceux, anonymes ou pas, qui ont pris le temps de me témoigner leur sympathie. Et j'ai ressenti une forme d'accomplissement, comme si j'étais bien arrivé au bout de l'histoire, en ayant réussi à lui écrire une fin heureuse.

Je me suis vite repris. Ma carrière n'était pas encore terminée à cette heure-là de la matinée. Un dernier défi m'attendait, même si j'avais bien conscience de ne pas l'avoir préparé au mieux en éprouvant autant d'émotions déstabilisantes en quelques heures. Cette dernière poursuite s'annonçait difficile, compliquée par le vent qui allait rebattre les cartes et provoquer des surprises sur le pas de tir. Dans une version optimiste, la météo piégerait Johannes, me permettant de lui ravir sur le fil le gros globe de cristal ; sur l'autre versant des probabilités, le vent pouvait désorienter mes propres balles et me contraindre à terminer anonymement ma dernière Coupe du monde. Au fond, je ne croyais ni à l'une ni à l'autre possibilité. Je ne pensais qu'à réussir ma course, à la vivre pleinement, sans envisager les conséquences du résultat final. Elles sont pourtant simples : si je gagne la poursuite, il faudra que Johannes termine au-delà de la 4e place pour que je conserve le dossard jaune ; si je suis 2e, il faudra qu'il finisse au mieux 7e…

En déroulant ma routine préparatoire, je ne peux pas m'empêcher de me dire, presque à chaque séquence : « C'est la dernière fois que j'accomplis ce geste… » Rapidement, ces pensées s'évanouissent à cause du stress qui monte. Le départ est très tendu. L'organisation a réduit drastiquement le nombre de bénévoles pour rester sous la barre réglementaire des 500 personnes réunies au même endroit. Les vérifications d'usage d'avant-course prennent un temps fou, les minutes défilent, je risque d'arriver en retard au portillon de départ ! Je vois que d'autres coureurs commencent aussi à montrer quelques signes d'inquiétude alors qu'ils sont censés partir après moi. Je ne peux plus attendre, je court-circuite la file pour aller m'équiper d'un transpondeur, ce petit boîtier GPS qui permet de mesurer le temps mis par chaque coureur entre le départ et l'arrivée. Je me l'attache à la cheville juste à temps. Je suppose que d'autres m'ont emboîté le pas mais je n'ai pas le loisir de vérifier. Il faut y aller ! Je me serais bien passé de cette montée d'adrénaline qui, dans un contexte habituel, m'aurait bien mis en rogne. Pas cette fois. Sans même m'y efforcer, je demeure serein, lucide.

Je pars à fond, avec Émilien sur mes talons. Nous nous sommes entendus pour travailler ensemble, sa quête du globe de la spécialité rend notre coopération logique et légitime. Très rapidement, nous reprenons du temps à Johannes et cela conforte notre dynamique d'attaque tandis que lui, voyant l'écart fondre, se contraint à une stratégie de défense à laquelle il n'est pas habitué. Cela nous galvanise et nous incite à pousser notre avantage, à profiter au plus vite de la porte qu'il nous ouvre. J'ai envie de lui montrer que je suis là, sur ses talons, prêt

3
2

pour la bagarre. Qu'avec Émilien nous sommes aujourd'hui dans de meilleures dispositions que lui, plus rapides et plus puissants. Nous en avons la confirmation à plusieurs reprises grâce aux temps intermédiaires que nous donne le staff, sur le bord de la piste. Johannes part toujours à fond, pas une seule fois dans sa carrière il n'a temporisé et, à l'occasion de cette dernière course de la saison, cela ne suffit pas pour nous distancer. C'est même l'inverse, nous grignotons, seconde après seconde… À l'arrivée sur le pas de tir, le doute n'est plus permis : peut-être est-ce la quête du globe qui l'inhibe mais Johannes ne dispose pas des armes qui l'ont aidé à dominer le sprint avant-hier. Peu m'importent les raisons de sa relative méforme. Je ne pense pas non plus aux conséquences de notre affrontement : je connais les données du problème, je les ai lues, entendues et intégrées, elles ont été largement ressassées depuis deux jours. J'en ai tiré une conclusion toute simple : je dois terminer devant lui, gagner la course. Le reste n'est pas de mon ressort. Je m'applique à résoudre ma part de l'équation. Toutes mes pensées sont concentrées sur ma stratégie pour le dépasser et franchir la ligne d'arrivée avant lui. Je veux le rattraper et le doubler, c'est tout ce qui compte.

Rapidement, je ne réfléchis même plus à la course en elle-même, au duel que nous sommes en train de nous livrer. Je me focalise sur mes sensations de maîtrise. Je skie vite et sans peine, je tire bien, l'entente avec Émilien est parfaite, je ressens quelque chose d'électrisant et surtout une lucidité exacerbée. Ma concentration est plus forte qu'à l'accoutumée, je suis en alerte, serein, à l'écoute de mon ressenti comme des éléments extérieurs. Mes skis glissent parfaitement, répondent à mes poussées, la neige est rendue idéale grâce au refroidissement de la température qui s'est opéré dans la nuit. J'aime ces courses dans le froid, l'impression corporelle que cela me procure. Tous les éléments paraissent m'être favorables et je sais depuis longtemps éviter l'euphorie dans laquelle cette situation peut me plonger. Je dispose d'une forme d'humilité qui m'incite à faire le boulot, sans répit. Si la moindre tentation de relâchement m'effleurait l'esprit, Émilien serait là pour relancer l'allure.

On se parle pour s'encourager, passer les relais. Il y a de la fraternité dans notre alliance au-delà de nos intérêts convergents.

Le moment attendu arrive au deuxième passage sur le pas de tir. Johannes s'en va tourner sur l'anneau de pénalité, Émilien et moi prenons la tête de la course avec une seule idée en tête : creuser l'écart, sans la moindre arrière-pensée. Au sortir du pas de tir, Émilien, qui a lâché plus rapidement ses cinq balles, temporise même un peu pour que je le rejoigne sans avoir à fournir un effort trop violent. Nous nous départagerons le moment venu…

Sur le bord de la piste, nous sentons que l'ambiance devient électrique. Les coachs crient plus fort que d'habitude malgré l'absence de public. Leur excitation est palpable. Outre le fait que trois coureurs français luttent aux quatre premières places de la course, la bataille pour le gros globe est en train de basculer. Au premier tir debout, Johannes craque et récolte trois tours de pénalité. Je le vois de loin et Vincent me le confirme. Avec une seule faute, Émilien et moi nous envolons et, derrière nous, Quentin revient vite s'intercaler. Johannes ne dispose plus de la moindre marge d'erreur. Mais je n'ai pas encore gagné, pas encore terminé ma part du travail… Alors j'appuie, je prends mes responsabilités, j'en remets encore et encore et Émilien en ajoute dès qu'il peut !

Tout s'est déroulé idéalement jusqu'au dernier tir. Entré sur le stade devant Émilien, j'ai épaulé en pensant : « Voilà, j'y suis, c'est le dernier debout de ma carrière. » Une grosse rafale de vent nous a envoyés tourner sur l'anneau de pénalité. Deux fois pour moi, une de plus pour Émilien.

Quand j'ai vu qu'il y retournait alors que je repartais sur la piste, j'ai compris que j'avais gagné. Ma dernière course… J'ai immédiatement pensé à Johannes et à notre duel pour le classement général, mais tous les calculs se sont rapidement dissipés, cet aspect-là n'était plus de mon ressort et je voulais me concentrer sur mon ultime tour de piste. Prendre ce plaisir une dernière fois… Je me suis fait violence pour creuser encore l'écart, pour finir en beauté. J'ai repris du temps sur mes poursuivants jusqu'aux derniers hectomètres où j'ai surtout eu envie de rendre hommage au staff et de célébrer ma victoire, intérieurement seulement – je ne me sentais pas d'extérioriser ma joie devant des tribunes vides et dans le silence du huis clos tout juste perturbé par les cris du clan français…

Passé la ligne d'arrivée, j'ai aperçu Quentin et Émilien qui sprintaient devant Johannes. En le voyant terminer à la 4e place, j'ai compris qu'il remportait le classement général pour un ou deux points mais je n'en ai ressenti aucune amertume, aucune frustration. Il a disputé quatre courses de moins que moi cette saison pour être présent à la naissance de son fils. Cela m'a aidé à relativiser : le meilleur sur l'ensemble de l'année a gagné et le meilleur, c'était Johannes. J'ai même confusément éprouvé l'idée que l'histoire était encore plus belle ainsi. J'ai été capable de le battre à plusieurs reprises, d'Östersund aux Mondiaux et jusqu'à cette dernière course, j'ai pâti, certes, de coups du sort ou d'erreurs manifestes mais, globalement, il était plus fort que moi. Je n'ai pas de problème à le reconnaître et à l'accepter. Si je devais jouer au jeu des « si », je préfère avoir remporté cette dernière course et avoir perdu mon dossard jaune pour deux petits points comme je l'ai fait, plutôt que de terminer deuxième de la course et de gagner le globe. Avoir franchi en vainqueur cette dernière ligne d'arrivée est plus important à mes yeux qu'un titre supplémentaire à mon palmarès. Cela me permet de sentir que ma décision d'arrêter là est juste.

J'aurais dû finir à Oslo, dans une semaine, entouré de mes proches et du public norvégien, mais cette première annulation des finales dans l'histoire du biathlon a provoqué un incroyable concours de circonstances. J'ai remporté à Kontiolahti ma première victoire en Coupe du monde, une poursuite, le 14 mars 2010 et j'achève ma carrière dix ans plus tard, jour pour jour, au même endroit, en gagnant la même épreuve. Comment ne pas y voir un signe et comprendre que la boucle est bouclée ?

Jusqu'à mon dernier tour de piste, jusqu'à ma dernière ligne d'arrivée, je me suis senti performant, athlète. J'ai caressé la certitude d'arrêter en

J'ACHÈVE MA CARRIÈRE DIX ANS PLUS TARD, JOUR POUR JOUR, AU MÊME ENDROIT, EN GAGNANT LA MÊME ÉPREUVE

demeurant capable de faire la différence. Il est précieux d'avoir pu jouir de ces sensations, de savoir que je n'arrête pas pour de mauvaises raisons, contraint et forcé par un inéluctable et douloureux déclin. Mais c'est aussi perturbant : je ne peux pas m'empêcher de penser que je dispose toujours de cette flamme au fond de moi. Toute la saison dernière, j'ai cru que cette lueur s'était éteinte, que j'avais perdu la boule de feu qui brûlait dans mon ventre et me guidait depuis le début ma carrière. Je n'arrivais plus à gagner, je ne parvenais plus à m'arracher, à me faire violence, je me sentais au bout de moi-même. Ressentir à nouveau la rage qui m'a permis de me dépasser si longtemps pour aller gagner la dernière course de ma carrière m'a forcément un peu déstabilisé à l'idée de ne plus en faire usage. Cette force, cet amour du sport, de la compétition et du haut niveau, sont toujours en moi. Je sais que tout cela va me manquer. Que je vais avoir du mal à vivre sans cette adrénaline. Mais je sais aussi que j'ai pris la bonne décision. Que si j'ai retrouvé l'essentiel par rapport à l'année dernière, la magie s'est faite plus rare. J'ai obtenu ce dont je rêvais, peut-être plus encore, mais rien ne fut facile. J'ai dû lutter tout au long de la saison. Cela me rend fier mais aussi lucide. Je suis parvenu au bout de cette histoire.

2

CLASSEMENT GÉNÉRAL DE LA COUPE DU MONDE

(21/24)

1 : Martin Fourcade 940 pts

2 : Johannes Boe 913 pts

3 : Quentin Fillon Maillet 868 pts

...

5 : Émilien Jacquelin 728 pts

6 : Simon Desthieux 692 pts

20 : Fabien Claude 355 pts

28 : Antonin Guigonnat 254 pts

CLASSEMENT FINAL DE LA COUPE DU MONDE

(après déduction des points correspondant aux deux plus mauvais résultats de la saison et annulation des finales d'Oslo)

1 : Johannes Boe 913 pts

2 : Martin Fourcade 911 pts

3 : Quentin Fillon Maillet 843 pts

...

5 : Émilien Jacquelin 726 pts

6 : Simon Desthieux 672 pts

19 : Fabien Claude 355 pts

27 : Antonin Guigonnat 254 pts

KONTIOLAHTI (FINLANDE)

dimanche 15 mars 2020

Hier soir, je n'ai pas refusé une seule des bières que l'on m'a offertes... Et pourtant, c'est la première fois depuis des années que je termine la saison sans être malade ! La soirée a commencé tôt, les filles ont improvisé un apéro dans le couloir reliant nos chambres d'hôtel, pendant que j'organisais une brocante un peu plus loin pour offrir toutes les affaires qui ne me serviront plus mais seront utiles à tous ceux qui ne disposent pas de dotations aussi importantes que les athlètes. Puis nous avons réservé une grande table au restaurant pour dîner avec l'équipe de Belgique. Les coachs et les techniciens nous ont rejoints plus tard, ils avaient quelques problèmes de logistique à régler pour organiser notre retour anticipé à la maison, tôt demain matin, en car pour Helsinki puis en avion jusqu'à Genève. Nous avons pris le dessert tous ensemble et en avons profité pour offrir ma dernière paire de skis à mon technicien qui tourne lui aussi la page. Christian est quelqu'un de très réservé, timide même, on lui a demandé de se faire violence pour nous gratifier d'un petit discours et chaque fois qu'il se lançait, l'un de nous ne pouvait s'empêcher de chanter : « Et pour Kiki, allez, allez ! » Nous commencions à être un peu éméchés et l'histoire a duré un bon moment avant qu'il puisse terminer son speech, entre encouragements railleurs et applaudissements intempestifs. Je ne suis pas sûr que les autres clients du restaurant étaient ravis mais je suppose qu'ils ont vite compris que manger à côté d'une petite trentaine d'athlètes en goguette ne correspond pas toujours à un idéal de finesse et de tranquillité...

Nous avons rallié un bar-discothèque-karaoké où nous avons pu beugler quelques perles bien ringardes de la chanson française. Cette fois sans déranger personne, nous étions les seuls clients. La musique n'a pas gagné grand-chose dans cette histoire – sauf quand Émilien prenait le micro – mais nous avons beaucoup ri en buvant des Corona pour conjurer le sort. À force de recevoir sur nos téléphones des messages des copains des autres équipes, nous avons fini par les rejoindre dans une boîte de nuit où s'étaient donné rendez-vous la totalité ou presque des athlètes et des coachs du circuit. J'ai passé un très bon moment à discuter avec les uns et les autres, de biathlon et de nos vies privées. À boire des bières avec mes anciens adversaires plutôt que d'aller sur la piste de danse. J'ai laissé ça à Émilien et Fabien, qui se sont déchaînés jusqu'à ce que Fabien bouscule malencontreusement le Finlandais le plus costaud du coin, obligeant un videur à intervenir pour demander poliment aux deux gamins d'aller voir ailleurs… Antonin, Florent Claude, Jean-Guillaume et moi en avons profité pour les accompagner, faire une halte pour dévorer un hamburger et rentrer enfin à l'hôtel. Il était près de 3 heures et l'autocar du retour démarrait à 7…

Avec Émilien, au lieu d'aller nous coucher, nous avons revu la course de la veille dans notre chambre. Cette poursuite, ce podium 100 % français, ont constitué un joli moment de partage, une belle image de transmission. Émilien et moi nous sommes entraînés ensemble presque quotidiennement ces deux dernières années. Nous nous entendons parfaitement et j'aime le symbole que représente son gain du petit globe de la spécialité, dix ans après que je l'ai, moi-même, remporté pour la première fois. Je me suis souvenu qu'hier, dans l'aire d'arrivée, Émilien m'a remercié. Il m'a dit qu'il était heureux d'avoir pu réaliser son rêve, la conquête de ce premier Globe de sa carrière, à l'occasion de ma dernière course. C'était sincère et émouvant.

Au réveil – un peu difficile je l'avoue –, j'avais déjà reçu par mail une proposition des organisateurs de la compétition sur invitation de Gelsenkirchen. Ils souhaitaient que je vienne disputer mon jubilé chez eux, dans ce stade ultra- moderne construit pour l'équipe de foot de Schalke 04 où chaque année, à la fin du mois de décembre, les meilleurs biathlètes du monde s'affrontent en doubles mixtes. Cette exhibition très rémunératrice attire toujours un public nombreux et festif. J'y ai souvent passé de bons moments mais j'ai préféré décliner. Je n'ai pas réfléchi malgré l'intérêt humain et financier : ma dernière course, je l'ai courue, il n'est pas question de ternir le souvenir que j'en conserve en tentant de reproduire artificiellement une fin qui a déjà eu lieu. Je ne galvauderai pas le beau moment que j'ai eu la chance de vivre. C'est aussi ce que j'ai expliqué à mes partenaires du Nordic Festival en leur demandant de réfléchir à un format particulier qui me permette d'apparaître pour saluer le public, même skis aux pieds et carabine en main, mais sans me mêler à la course de ceux dont c'est encore le métier. Je ressens cela comme une marque de respect pour eux, pour moi et aussi pour notre sport, même si je suis frustré de ne pas avoir pu vivre mes adieux d'athlète au public français lors des championnats nationaux annulés à cause de l'épidémie, comme je n'ai pas non plus pu le faire avec les publics norvégien, tchèque et aussi russe dont j'ai reçu, depuis des années et jusqu'à aujourd'hui, d'émouvantes marques d'affection. Je ne sais pas encore comment, mais j'irai les saluer dès que cela sera possible.

2

VILLARD-DE-LANS

VILLARD-DE-LANS

jeudi 19 mars 2020

Je suis à la maison depuis quatre jours. Cette fois, je ne vais pas repartir. Il est illusoire de penser que je mesure totalement le changement. Je vais avoir besoin de temps et de la fin du confinement pour embrasser l'entièreté de ma nouvelle situation familiale et professionnelle. Mais déjà je ressens quelques différences. En particulier une forme de légèreté. Tout ce qui était pesant dans ma vie a disparu d'un seul coup, comme par enchantement. Simon m'avait averti au printemps dernier, quand lui-même a raccroché les skis et la carabine. Il avait l'impression d'avoir posé un sac à dos de quinze kilos qu'il portait depuis des années, dont il avait oublié l'existence. J'éprouve exactement la même chose. Cette pression que je m'imposais sans cesse, vouloir être en permanence parfait pour mon métier d'athlète, je m'en suis délesté. Depuis presque quinze ans, cette façon d'être était devenue mon mode de vie. Je devais tout faire pour ne rien avoir à regretter si mes résultats ne devaient pas être à la hauteur de mes désirs, pour ne pas ajouter de la culpabilité à la déception… Cet état d'esprit prend mille formes dans la vie de tous les jours. À en devenir obsessionnel. Cela paraît dérisoire de devoir s'étirer chaque soir une demi-heure, ou de se dire, vingt fois par jour : « Pense à boire de l'eau... » Il n'y a rien non plus d'insurmontable à refuser le verre de bière que t'offrent les copains ou le dîner qu'ils te proposent, mais la somme de toutes ces obligations finit par peser lourd. Chaque geste du quotidien est soumis à la seule volonté de respecter la préparation physique, le repos, le désir d'être compétitif quand la saison reprendra. Je n'aime pas le mot « sacrifice », je préfère parler de choix. Librement consentis. J'ai opéré des choix de vie contraignants, aussi pour ma famille, pendant plus de dix ans. Des choix dans mon esprit indissociables du haut niveau.

Tous ne poussent pas cette démarche à l'extrême. Très tôt dans ma carrière, inspiré par l'investissement que consentait mon frère Simon, en entendant les messages de mon premier entraîneur au haut niveau, Thierry Dusserre, j'en ai fait une règle de base sur laquelle tout le reste devait venir s'agréger pour construire une carrière.

Avant le confinement, nous avons partagé de longues balades en montagne avec mes filles, en portant Inès sur mon dos. Je sentais mon rythme cardiaque monter haut dans les pentes raides et j'ai réalisé qu'en cette période habituellement dédiée au repos, je contrevenais aux règles que j'avais observées pendant une décennie. L'année dernière, à la même époque, je me serais arrangé pour que les sorties en famille soient plus courtes et, malgré cela, je me serais senti coupable de ne pas faire exactement ce que mon métier m'imposait. Dans les mêmes circonstances, je m'en serais voulu et le plaisir que j'ai à marcher avec mes filles aurait été un peu gâché… Cette pesanteur s'est évanouie. Je me sens libéré, détendu. À ma place. Exactement sur la lancée de ce que j'ai vécu durant les dernières semaines de compétition. J'apprécie ces moments avec Inès et Manon, avec Hélène quand elle se joint à nous. Le sport demeure mon mode d'expression et je peux enfin le partager avec mes filles, plutôt que de ne jouer qu'au Memory ou à faire le tigre sur le tapis du salon. Emmener Manon skier, c'était déjà commettre une petite entorse à l'idéal de l'entraînement. Je le faisais, bien sûr, mais comme tout le reste, avec un tiraillement, une invisible barrière mentale qui m'empêchait d'en profiter pleinement. Et de réitérer le lendemain… Désormais, je peux la tirer avec un élastique accroché à ma taille pendant trois heures en montagne, en portant sa sœur sur mon dos, sans la moindre retenue. Je peux partager avec elles ce que j'aime le plus, sans la moindre restriction.

En rentrant à la maison tout à l'heure, un message de Johannes m'attendait. Il venait seulement de défaire son sac et de remettre la main sur mon dernier dossard de leader de la Coupe du monde, celui que j'ai porté durant la poursuite de Kontiolahti. Je le lui ai offert après la cérémonie protocolaire en lui disant que ce dernier maillot jaune de la saison devait revenir au vainqueur du classement général. Il était surpris, ému, il ne voulait pas accepter en me répétant : « Mais c'est ton dernier, Martin, tu dois le garder ! » Je lui ai raconté comment, en 2010, Simon Eder m'avait donné son dossard rouge de leader du classement de la poursuite, dans les mêmes circonstances, avec les mêmes mots. Avant cette course, Simon disposait de 60 points d'avance sur moi, autant dire que je ne nourrissais aucun espoir de lui ravir le petit globe de la spécialité. Mais il avait totalement craqué, ne marquant aucun point tandis que j'avais gagné la course. À égalité au classement, j'avais été sacré vainqueur, pour la première fois de ma carrière, grâce à mon plus grand nombre de victoires. Simon avait eu cette élégance, malgré sa déception, de me remettre le dossard rouge qu'il avait porté durant cette dernière poursuite de la saison. Sur le moment, j'avais réagi comme Johannes, je lui répétais : « Mais garde-le, il est à toi », mais j'avais perçu toute la sincérité de son geste et j'avais, bien sûr, fini par accepter.

À Kontiolahti, cette anecdote m'est revenue en tête et il m'est apparu comme une évidence que je devais transmettre le flambeau, agir comme l'avait si joliment fait Simon…

Sur l'écran de mon téléphone s'est affichée l'image envoyée par Johannes. Le dernier dossard jaune de ma carrière était étalé sur son lit. Avec ces quelques mots en anglais : « *Back home. I found this treasure in my bag. It will reminds me my best rival and our fights. Thanks again.* »

ÉPILOGUE

J'ai répondu, il y a quelques jours, aux questions d'un journaliste de *L'Indépendant* de Perpignan qui m'a dit : « Je ne sais pas si vous vous en rendez compte, mais quand on reprend le fil de votre carrière, des débuts jusqu'à cette fin victorieuse à Kontiolahti, on a le sentiment qu'il s'agit d'un roman. » Le plus étrange, c'est que j'en ai parfaitement conscience. Je conçois même que la parenthèse de la saison 2018-2019, l'échec sportif que j'ai découvert dans ces circonstances pénibles, a rendu mon rebond encore plus fort, au moins médiatiquement. Et humainement aussi, peut-être, même si j'ai beaucoup souffert, même si je me serais évité ce passage si j'avais eu le choix. Je sais bien que j'ai changé – et j'espère pour le mieux – en partie grâce à cette année difficile. Sans cette déroute, il n'y aurait pas eu de come-back. Pas de dramaturgie, pas de résilience…

Si toute ma vie professionnelle avait été écrite à l'avance, il n'aurait pas fallu retirer une seule ligne, jusqu'à ce dernier tir parfait de Johannes lors de l'ultime poursuite de Kontiolahti qui est venue sublimer le scénario en lui offrant la Coupe du monde pour deux petits points. Cette issue donne encore davantage de relief et de légitimité à ma dernière saison. Pour lui, pour notre sport et même pour moi, c'est une juste fin. Une conclusion parfaite à cette incroyable histoire que j'ai eu la chance de vivre, de Vancouver, avec ma première médaille olympique venue mettre en exergue une situation familiale compliquée entre Simon et moi, jusqu'à cette apothéose de Kontiolahti, une décennie jour pour jour après ma première victoire, sur le même format de course, au même endroit…

Je vois en tout cela comme un fil conducteur, une forme de logique. Peut-être un destin. J'ai disputé 347 courses ! La probabilité que tout s'achève de cette manière, à cet endroit, à ce moment-là et dans de telles circonstances était bien mince. Mais c'est ce qui s'est passé, c'est ce que j'ai vécu. Oui, je sais que l'histoire est belle. Il va falloir beaucoup de chance, de travail et de rencontres pour que la suite soit à la hauteur. Je vous laisse, je vais m'y atteler.

MARTIN FOURCADE

COUPE DU MONDE

33 globes de cristal [record] dont :
7 gros globes de cristal consécutifs de 2012 à 2018 [record]
26 globes de cristal : sprint [8], individuel [5], poursuite [8], mass start [5].

83 victoires individuelles en Coupe du monde et 15 victoires par équipe

CHAMPIONNAT DU MONDE

28 médailles : 18 en individuel, 10 en relais masculin et mixte
13 médailles d'or [11 titres en individuel, record partagé avec Ole Einar Bjoerndalen]
10 médailles d'argent [4 en individuel]
5 médailles de bronze [3 en individuel]

JEUX OLYMPIQUES

5 médailles d'or : poursuite et individuel [Sotchi, 2014],
poursuite, mass start, relais mixte [PyeongChang, 2018]
2 médailles argent : mass start [Vancouver, 2010], mass start [Sotchi, 2014]

OKSANA PINCHUK

ILLUSTRATRICE

C'est grâce aux réseaux sociaux que j'ai découvert le talent d'Oksana. Fan de biathlon, elle postait régulièrement l'hiver passé des dessins me représentant. Tombé dessus par hasard, l'idée de l'associer au livre sur lequel je travaillais m'est aussitôt apparue comme une belle histoire. Je ne connaissais d'elle que son pseudo Instagram (@fall_biathen) qui ne me permettait de déterminer ni sa nationalité, ni son genre, ni même son âge. Je lui ai donc envoyé un message lui demandant si elle accepterait de discuter avec moi de ce projet. Elle a répondu : *« Oh my God ! »* et a accepté tout de suite. Plus tard, en échangeant avec elle, j'ai appris qu'elle était russe, vivait à Tambov, à 460 km au sud-est de Moscou et rêvait d'une carrière artistique du haut de ses 14 ans !

JEAN ISSARTEL

CO-AUTEUR

J'ai rencontré Jean en 2013, il était le rédacteur en chef de *L'Équipe Magazine* et m'avait proposé de rédiger des chroniques dans son hebdomadaire. J'ai accepté avec pour seule contrainte de rédiger les textes moi-même. J'ai rapidement pu apprécier la qualité de ses conseils éditoriaux et, au fil du temps, nos discussions ont pris un tour amical. C'est tout naturellement que j'ai pensé à lui quand, en 2017, il s'est agi de m'aider à mettre en ordre les notes que j'avais prises en vue de mon premier livre, *Mon rêve d'or et de neige...* En mai 2019, c'est lui qui, cette fois, m'a soumis l'idée d'écrire un nouvel ouvrage sous la forme d'un carnet de bord de la saison à venir. Il pressentait, m'a-t-il dit alors, qu'elle serait celle de la renaissance après mon échec post-olympique. J'ai longtemps hésité, j'avoue que j'étais moins confiant que lui quant à ma capacité à rebondir et à renouer avec les victoires...

TEXTES
Martin Fourcade

CONCEPTION GRAPHIQUE
Thierry Sestier

RELECTURE
David Lerozier

CORRECTION
Marie Gosset
La Machine à mots

Photographies
Page 231 : haut : DR ; bas : DR
L'éditeur remercie les photographes Sondre Eriksen Hensema et Kevin Voigt pour leur aide.

Imprimé en Espagne par Macrolibros en août 2020
pour le compte des éditions Hachette Livre (Marabout)
58, rue Jean-Bleuzen – 92178 Vanves Cedex

Dépôt légal : octobre 2020
ISBN : 978-2-501-15521-2
7792536/01